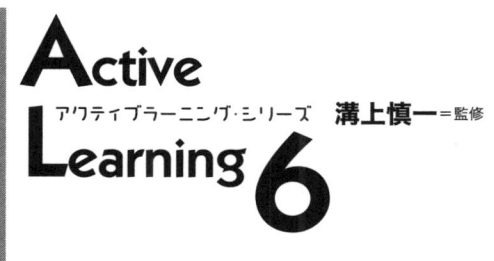

Active Learning 6
アクティブラーニング・シリーズ　溝上慎一=監修

アクティブラーニングをどう始めるか

成田秀夫=著

東信堂

アクティブラーニング・シリーズの刊行にあたって
[全7巻]

監修者　溝上　慎一

　2014年末に前下村文科大臣から中央教育審議会へ諮問が出され、初中等教育の次期学習指導要領改訂のポイントとしてアクティブラーニングが示された。いまやアクティブラーニングは、小学校から大学までの全学校教育段階の教育を、「教えるから学ぶへ(from teaching to learning)」のパラダイム転換へと導くとともに、学校から仕事・社会のトランジションはじめ、生涯にわたり成長を促す、巨大な思想を含み込んだ学習論となっている。

　英語のactive learningを「能動的学習」「主体的な学び」などと訳したのでは、40年近くこれらの用語を日常的に用いてきた日本の教育関係者にとって決して響くものにはならないだろうと考え、思い切ってカタカナにした。2010年頃のことだった。能動的学習、主体的な学びを用いて再定義、意義を主唱するには、示すべき新しい事柄があまりにも多すぎると感じられたからである(この経緯は、私の前著『アクティブラーニングと教授学習パラダイムの転換』(東信堂、2014年)に書いている)。

　一部の大学で草の根運動的に広まってきたアクティブラーニングが、ここまでの展開を見せるに至ったのには、日本の教育を見つめ、私たちと問題意識を共有するに至った河合塾教育研究開発本部の取り組みがあったこともあげておきたい。

　この用語が、ここまでの展開に繋がるとは当時考えていなかったが、それにしてもこの1年、いい加減なアクティブラーニングの本や解説書が次々刊行され、現場を混乱させていることに私は社会的責任を感じている。少しでも理に適ったアクティブラーニングのガイドブックを教育関係者に届けたいと思い、今後の小中学校への導入も予期しつつ、すでに実際に授業に取り組んでいる高校・大学の先生方を対象に本シリーズの編纂を考えた次第である。

本シリーズでは、文部科学省の「アクティブ・ラーニング」ではなく、監修者の用語である「アクティブラーニング」で用語統一をしている。第4巻で、政府の施策との関連を論じているので、関心のある方は読んでいただければ幸いである。また、アクティブラーニングの定義やそこから派生する細かな意義については、監修者のそれを各巻の編者・執筆者に押しつけず、それぞれの理解に委ねている。ここは監修者としては不可侵領域である。包括的用語(umbrella term)としてのアクティブラーニングの特徴がこういうところにも表れる。それでも、「講義一辺倒の授業を脱却する」というアクティブラーニングの基本的文脈を外している者はいないので、そこから先の定義等の異同は、読者の受け取り方にお任せする以外はない。

　「協同」「協働」については、あえてシリーズ全体で統一をはかっていない。とくに「協同(cooperation)」は、協同学習の専門家が長年使ってきた専門用語であり、政府が施策用語として用いている、中立的で広い意味での「協働」とは厳密に区別されるものである。各巻の執筆者の中には、自覚的に「協働」ではなく「協同」を用いている者もおり、この用語の異同についても、監修者としては不可侵領域であったことを述べておく。

　いずれにしても、アクティブラーニングは、小学校から大学までの全学校教育のパラダイムを転換させる、巨大な思想を含み込んだ学習論である。この用語を入り口にして、本シリーズがこれからの社会を生きる生徒・学生に新たな未来を拓く一助となれば幸いである。

第1巻『アクティブラーニングの技法・授業デザイン』(安永・関田・水野編)
第2巻『アクティブラーニングとしてのPBLと探究的な学習』(溝上・成田編)
第3巻『アクティブラーニングの評価』(松下・石井編)
第4巻『高等学校におけるアクティブラーニング：理論編』(溝上編)
第5巻『高等学校におけるアクティブラーニング：事例編』(溝上編)
第6巻『アクティブラーニングをどう始めるか』(成田著)
第7巻『失敗事例から学ぶ大学でのアクティブラーニング』(亀倉著)

第6巻　はじめに

河合塾教育研究開発本部　成田秀夫 著

　「アクティブラーニングって、グループ・ワークのこと？」「生徒におしゃべりさせて、なんの意味があるんだ！」「そんな時間があったら、英単語を覚えた方が得だね。」アクティブラーニングという言葉が広がるにつれ、こんな感想が聞かれるようになりました。

　「アクティブラーニングを取り入れたいと思っている、でも少し不安だ。」「いままでやっていた学び合いとどこが違うんだ。」文部科学省がアクティブラーニングを推進しようと言い出してから、こんな意見も出てきました。

　本書は、これからアクティブラーニングに取り組もうとされている高校・大学の先生方を主な対象としています。また、今までアクティブラーニングという言葉を使わず、生徒・学生の主体的・能動的学習に取り組んでこられた先生方にもご覧いただき、アクティブラーニングについて「再発見」していただけることを願って書きました。

　いまやアクティブラーニングは流行語のようになっており、大勢の方々がさまざまな視点から情報を発信しています。たとえば、授業手法として捉えている場合、生徒・学生の学び動機づけを促す場合、生徒・学生の学び方に力点を置く場合など、多様な観点で語られています。それらはそれぞれに意義のあることですから、多様な実りある議論がされることを願っています。

　本書はそうした考えを整理してまとめたものではありませんが、われわれが15年前から取り組んできたことをもとに、アクティブラーニングを取り入れ、推進していくために必要だと考えられることをまとめました。

　現在、文部科学省がすすめている高大接続教育改革とアクティブラーニングは深く関わっています。2011年のいわゆる「質的転換答申」以来、大学の

先生方にはアクティブラーニングという言葉になじみがあると思いますが、高校の先生方は急に降ってきた印象をお持ちだと思います。大学から高校に下りてきたアクティブラーニング。しかし、このことの意義を理解することがとても大切です。

　なぜいま、アクティブラーニングが必要とされているのか？　一言でいえば、グローバル化した変化の激しい現代社会で、日本の若者が力強く活躍できるように、日本の教育も変わっていく必要があるからということになります。そのためにやるべきことは多岐にわたりますが、それぞれの教育機関、個々の教師ができることから地道にやっていくしかないと思います。

　そのためには、文科省が言うから、上から言われたからというのではなく、教師が「自分事」として捉えることが大切だと思います。本書は、われわれが「自分事」として教育の現状を理解し、自分たちがどのように変わっていけばいいのかについて考えてきた、10余年の苦闘の表現です。われわれ予備校にできることは限られていますが、日本の若者をタフに育てる教育改革を少しでも推し進めることができれば幸いです。

本書の構成

　1章では、アクティブラーニングとは何か、その定義と意義について祖述します。アクティブラーニングという言葉は広まるにつれ、言葉だけがひとり歩きし、さまざま誤解が生まれているようです。アクティブラーニングには歴史的にさまざまな定義がありますがそれは理論書に譲り、本書では若者が力強く学んで成長していくことを願って、議論の地平をつくっていきたいと思います。

　2章では、アクティブラーニングが求められる背景について概観します。変化する社会の中で、若者にどんな力を身につけされればいいのか、どんな教育をすればいいのかについて整理し、それを実現するためにはエビデンス（事実）に基づいた議論が必要であることを確認したいと思います。

　3章では、高大接続教育改革との関連を俯瞰し、アクティブラーニングを推し進めるために必要な「設計―育成―評価―運営―環境」という5つの課題があることを確認します。

　4章では、「設計」について、生徒・学生のアクティブラーニングを促す授業デザインについて考えます。今までの日本の教育では、授業で教える内容を中心にカリキュラムや授業が設計されてきましたが、どのような能力や資質を身につけるのかという観点から授業デザインするのかについてまとめます。

　5章では、「育成」について、生徒・学生のアクティブラーニングを支える授業改善について考えます。教師の役割はいままで知識の伝達が中心でしたが、これからは生徒・学生のアクティブラーニングを支える多様な役割を担わなければなりません。教師の指導力を磨く研修のあり方についても考えます。

　6章では、「評価」について、生徒・学生のアクティブラーニングを育むための評価のあり方について考えます。授業の設計と評価は表裏一体ですから、授業の設計と同時に評価の設計が求められます。「何のために、何を、誰が、

いつ、どのように評価するのか」という評価の原則を確認します。

　7章では、「運営」について、生徒・学生のアクティブラーニングを活性化させる組織開発について考えます。人も組織も生きものです。先生が活き活きしていなければ、教育はうまくいきません。現場の先生方が「権限のないリーダーシップ」を発揮して学校運営を活性化することについて問題提起をしたいと思います。

　8章では、「環境」について、生徒・学生のアクティブラーニングを拡げる環境整備について考えます。生徒・学生のアクティブラーニングは授業中にとどまりません。授業外での学びを支える環境を整えることも必要です。とく特にICTを有効に活用することが大切ですが、「設備あって学びなし」にならないために、どのようなことが必要か考えます。

　本書が少しでも読者のお役に立つことを願っています。

シリーズ第6巻
アクティブラーニングをどう始めるか／目　次

アクティブラーニング・シリーズの刊行にあたって……………… i
第6巻　はじめに…………………………………………………… iii

第1章　いまなぜアクティブラーニングなのか？　　3

第1節　アクティブラーニングの定義 ……………………………… 3
　(1)溝上慎一によるアクティブラーニングの定義………3
　(2)TeachingからLearningへのパラダイム転換………6
　(3)アクティブラーニングとアクティブラーニング型授業の
　　　区別………9
第2節　アクティブラーニングの意義 …………………………… 10
　(1)アクティブラーニングへの誤解………10
　(2)学びの社会性………13
　(3)現代社会を生き抜く学びと成長………16
　(4)アクティブラーニングへの過大な期待を戒めつつ………21
まとめ ……………………………………………………………… 22
●さらに学びたい人に……………………………………………… 23

第2章　現代社会とアクティブラーニング　　24

第1節　アクティブラーニングが求められる背景 ……………… 24
　　　　──社会の変化に対応するために
　(1)「知識基盤社会」の到来………24

(2)「知識基盤社会」で求められる力とは………25

第2節　アクティブラーニングとジェネリックスキルの育成・評価 … 32
　　　―学力の3要素とジェネリックスキル―
　(1)ジェネリックスキルとは………32
　(2)ジェネリックスキルを構成するリテラシーと
　　　コンピテンシー………37
　(3)学力の3要素とジェネリックスキル………44
　(4)学力の3要素・ジェネリックスキルの育成とアクティブ
　　　ラーニング………47

第3節　エビデンスに基づく教育改革 …………………………… 48
　(1)実りある議論のために………48
　(2)2つのトランジション調査が示すもの………49
　(3)PROG(プログ)が示すもの………52

第4節　アクティブラーニングを推進するために ……………… 57
　(1)アクティブラーニングの広がりと河合塾の「大学アクティブ
　　　ラーニング調査」………57
　(2)アクティブラーニング型授業のモデル化………59
　(3)実践と理論の往還―三宅なほみの問題提起―………62

まとめ ……………………………………………………………………… 65
●さらに学びたい人に……………………………………………………… 66

第3章　アクティブラーニングを推し進めるための5つの課題　68

第1節　授業改善から教育改革へ ………………………………… 68
　(1)1つの事例から………68
　(2)高大接続教育改革とアクティブラーニング………70
　(3)生徒・学生のアクティブラーニングを支える教師協働………72

第2節　アクティブラーニングを推し進めるための5つの課題
　(1) 5つの課題「設計 ― 育成 ― 評価 ― 運営 ― 環境」………74
　(2) 5つの課題とPDCAサイクル………77
まとめ………………………………………………………………… 79

第4章　設計：アクティブラーニングを促す授業デザイン　　80

第1節　何を教えたから何ができるようになるかへ……………… 80
　(1) 育成する能力・資質を明確にした学習デザイン………80
　(2) インストラクショナルデザインのADDIEモデル………82
第2節　ポリシーによる高大接続………………………………… 83
　(1) 3つのポリシー………83
　(2) 高大接続と大学のアドミッションポリシー………86
第3節　カリキュラム設計………………………………………… 92
　(1) 全体像をデザインする―カリキュラムマップの作成………92
　(2) シラバスの作成………95
　(3) クラスデザイン／単元と授業案の作成………99
　(4) 習得・活用・探究モデルに即した授業デザイン………101
まとめ………………………………………………………………… 103
●さらに学びたい人に……………………………………………… 104

第5章　育成：アクティブラーニングを支える授業改善　　105

第1節　教授学習パラダイムの転換と教師の役割の変化………… 105
　(1) 教師の役割の多様化………105
　(2) デリバリースキルとICTの活用………108

第2節　研修を通した授業改善 ………………………………… 110
　　　　(1) 相互研修と外部研修………110
　　　　(2) ビリーフスの顕在化と3つの指導観………112
　　まとめ…………………………………………………………… 115
　　●さらに学びたい人に…………………………………………… 116

第6章　評価：アクティブラーニングを育む評価　　117

　　第1節　評価のデザイン ………………………………………… 117
　　　　(1) 生徒・学生を育てる評価………117
　　　　(2) 何のために、何を、誰が、いつ、どのように
　　　　　　評価するのか………118
　　第2節　相互的な学びのプロセスを評価する試み …………… 121
　　　　(1) 三宅なほみが目指したもの………121
　　　　(2) ICTを用いた学びのプロセス解析の可能性………122
　　まとめ…………………………………………………………… 124
　　●さらに学びたい人に…………………………………………… 125

第7章　運営：アクティブラーニングを活性化する組織開発　　126

　　第1節　教育機関における組織開発 …………………………… 126
　　　　(1) 事実(エビデンス)にもとづいて現状を把握し、問題解決の
　　　　　　糸口をつかむ……… 127
　　　　(2) キーパーソンを巻き込み、アクティブラーニングの必要性を
　　　　　　合意する………128
　　　　(3) スモールスタートで、早期に成果を可視化する………128

(4) 施策を拡大し、教師集団が「自走」するプロセスを整える………129
　第2節　教育改革とリーダーシップ　………………………………… 130
　　　　―権限のないリーダーシップの発揮―
　まとめ……………………………………………………………………… 134
　●さらに学びたい人に…………………………………………………… 134

第8章　環境：アクティブラーニングを拡げる環境整備　　135

　第1節　授業を活性化させる環境整備 ………………………………… 135
　　(1) 環境整備の目的と手段………135
　　(2) アクティブラーニング教室………138
　第2節　授業外学習を活性化させる環境整備 ………………………… 139
　　(1) 授業外学習を促すアクティブラーニング………139
　　(2) ラーニングコモンズ………141
　まとめ……………………………………………………………………… 143
　●さらに学びたい人に…………………………………………………… 144

おわりに……………………………………………………………………… 145
索　引………………………………………………………………………… 148

装幀　　　桂川　潤

シリーズ　第6巻

アクティブラーニングをどう始めるか

第1章

いまなぜアクティブラーニングなのか？

第1節　アクティブラーニングの定義

「アクティブラーニング」はいまや流行語のような様相を呈しているが、そもそも「アクティブラーニング」とはどのようなものなのだろうか。「アクティブ」という語感からさまざまな解釈がなされているが、その定義から確認しておこう。

(1) 溝上慎一によるアクティブラーニングの定義

溝上慎一(2014)は『アクティブラーニングと教授学習パラダイムの転換』(東信堂)の中で「アクティブラーニング」を次のように定義している(図1-1を参照)。

この溝上の簡潔な定義にはアクティブラーニングを広めようという意図が込められている。読者の中には、いままでも生徒・学生の能動的な学び

> 溝上慎一の定義
>   一方的な知識伝達型の講義を聴くという（受動的）学習を乗り越える意味での、あらゆる能動的な学習のこと。
>
>
>
>   能動的な学習には、
>   書く・話す・発表する等の活動への関与と、
>   そこで生じる認知プロセスの外化を伴う。

図 1-1

溝上慎一（2014）『アクティブラーニングと教授学習パラダイムの転換』（東信堂）をもとに作成。

を引き出す教育が実践されていたのだから、ことさらアクティブラーニングなどと言う必要はないと考える向きもあるだろう。しかし、いままでの実践がともすると厳密な方法論を要求したり、一定の教育学的な理論の理解を前提としたりするものが多く、教育学を専門としない教師にとってはハードルが高く感じられたことは否めない。二の足を踏んで踏み切れなかった教師たちの背中を押そう、それが溝上版アクティブラーニングの定義が意図するところである。

溝上の定義によれば、「アクティブラーニング」とは「一方的な知識伝達型の講義を聴くという(受動的)学習を乗り越える意味での、あらゆる能動的な学習のこと」である。この定義のポイントは隠れている「主語」が「学習者」になっているところである。学習者である生徒・学生がどのような学び方をすればアクティブラーニングをしたことになるのか。その答えは定義の後半で示されている。生徒・学生が行う「能動的な学習」には「書く・話す・発表する等の活動への関与と、そこで生じる認知プロセスの外化を伴う」とされている。つまり、生徒・学生はただ「講義」を「聴く」だけではなく、自ら「書く」「話す」「発表する」という活動を通して、自分が何をどのように理解したか／理解しなかったか、何を覚えているか／覚えていないか、どのように考えたか／考えなかったかなど、いわば自らの「学び」を外化＝可視化することが含意されている。学習者は自らの学びを外化しモニターしながら、自らの学びを深めていくということ、換言すれば自らの学びを捉え返す「メタ認知」が求められているということである(**図表1-2**を参照)。

各巻との関連づけ

第4巻の「大学教育におけるアクティブラーニングとは」と題する**第2章（溝上慎一）**でも、アクティブラーニングの定義、ならびに、政府のいわゆる『質的転換答申』（2012年8月28日）の「アクティブ・ラーニング」との共通点、相違点を説明しています。また、**同巻第3章「高等学校に降りてきたアクティブ・ラーニング」（溝上慎一）**では、高等学校（初等中等教育）における「アクティブ・ラーニング」との関係を、中央教育審議会の教育課程企画特別部会から出された『論点整理』（2015年8月26日）をもとに説明しています。

この定義を「教師」の立場から捉え返すとどうなるのか。教師は講義を通して一方的に知識を伝達するだけではなく、生徒・学生に自分たちが学んだことについて「書く」「話す」「発表する」という活動を促し、自らの学びを振り返る機会をつくる

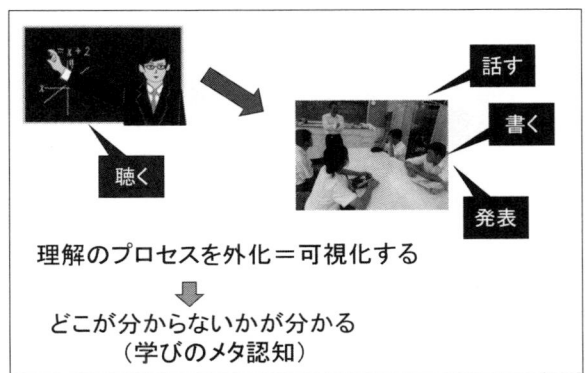

図1-2　認知プロセスの外化をともなうアクティブラーニング

ことになる。このように言えば「なんだ、いつもやっていることではないか」「ハードルは高くない」と思う教師も多いのではないだろうか。そう、ここに溝上による定義の眼目がある。この定義には「一歩踏み出しませんか！」「まずは無理せずできるところから始めましょう！」というメッセージが込められているのだ。アクティブラーニングという言葉がこれだけ流通するように

表1-1　アクティブラーニング型授業の類型

タイプ	講義型授業	アクティブラーニング型授業		
主導	教員主導型	教員主導・講義中心型		学習者主導型
AL度	―	低	中～高	高
活動	聴く	＋書く	＋書く・話す・発表する	＋書く・話す・発表する
手法 技法 形態	・話し方 ・板書の仕方 ・資料の見せ方 ・実物やモデルの提示 　　　　　等	・コメントシート ・ミニッツペーパー ・小テスト ・クリッカー ・宿題 ・授業通信 　　　　　等	・シンクペアシェア ・ラウンドロビン ・ディスカッション ・プレゼンテーション ・体験学習 ・リフレクションシート 　　　　　等	・協同・協調学習 ・調べ学習 ・ディベート ・話し合い学習法 ・知識構成型ジグソー法 ・ピアインストラクション ・PBL(Project/Problem Based Learning) ・BLP(Business Leadership Program) 　　　　　等

溝上慎一（2014）『アクティブラーニングと教授学習パラダイムの転換』（東信堂）をもとに作成。

なったのもこの定義の賜物である。

　しかし、溝上のアクティブラーニングの定義はいわば「ミニマムスタンダード」としての定義でもある。生徒・学生のアクティブラーニングをより深くより広く引き出すためには、より高次の仕掛けが必要になる。生徒・学生のアクティブラーニングを引き出す程度に即した授業形態を、他ならならぬ溝上自身が類型化しているので、それをもとにして整理しておこう（**表1-1**を参照）。

　ワンウェイの授業から一歩踏み出し、生徒・学生がより能動的に学べるようにするためにはより高次の授業形態を取り入れることが必要になるだろう。ではどうすべきか、という課題への回答は本書5章や本シリーズ第2巻『アクティブラーニングの技法・授業デザイン』に譲り、ここではアクティブラーニングの基本的な考えについてもう少し確認することにしたい。

(2) TeachingからLearningへのパラダイム転換

　溝上は同書の中でアクティブラーニングについて重要な指摘をしているが、それは溝上のアクティブラーニングの定義において「主語」が「学習者」になっていることと関連している。「教育」と言えば「教師」が主語になるが、「Learning＝学び」の主語は「学習者」に他ならない。この単純な指摘の内に実は大きな教育観の転換が潜んでいる。溝上にしたがえば「TeachingからLearningへのパラダイム転換」ということになる（**図表1-3**を参照）。

　ここで言うTeachingとは教師による知識伝達を旨とする「教授パラダイム」のことであり、Learningとは学習者自身の学びを旨とする「学習パラダイム」のことである。かなり乱暴に言

■教授学習法パラダイムのTeachingからLearningへ

Teaching：一方的な知識伝達（教授パラダイム）
↓
Learning：学生自身の学び（学習パラダイム）

図1-3 教授学習法のパラダイム転換

溝上慎一（2014）『アクティブラーニングと教授学習パラダイムの転換』（東信堂）をもとに作成。

い換えると、「ちゃんと教えたよ、後は君たちの問題だ」という教師目線から、「ちゃんと〇〇ができるようになった」という学習者目線への転換である。こうした文字面だけを見るなら当たり前のことを言っているだけに思えるだろう。しかし、生徒・学生が実際にどのように学んでいるかという現実を考えれば、この指摘は大きな意味をもってくる。

各巻との関連づけ

第4巻の「アクティブラーニングの背景」と題する**第1章（溝上慎一）**でも、アクティブラーニング推進の背景にある教授パラダイムから学習パラダイムへの転換を説明しています。学習パラダイムは、同時に学習と成長パラダイムになることも説明しています。また、**第3巻の「アクティブラーニングをどう評価するか」**と題する**第1章（松下佳代）**では、教授パラダイムから学習パラダイムへの転換が、高等教育よりも初等中等教育で先立って提唱されていたことを論じています。

　ワンウェイの講義形式の授業においては、生徒・学生は教師の伝える内容を理解し、それを自分のものにすることが求められている。ここでは当然、生徒・学生が講義を聴いてその内容を理解することが前提になっているが、毎時間小テストをして理解を確かめる（**表1-1**参照：小テストはスモールステップ、即時フィードバックによる低次のアクティブラーニング型授業！）のならともかく、中間試験や期末試験にならないと、教師はどれくらい生徒・学生が理解しているのかわからないというのが実情である。生徒・学生がどれだけ理解し、どれだけできるようになっているかを掴みながら授業を進めるなら、生徒・学生に書かせたり、話をさせたり、発表させたりして、その理解を確かめなければならない。しかし、ワンウェイの講義では、こうした理解の確認をスルーして、わかっているはずとして授業が進められている。生徒・学生の立場からいえば、自分たちの理解を確かめる機会がないまま授業が進行し、わかったつもりになっている、あるいはわからないまま講義が進んでしまうことになる。要は、生徒・学生の学びに即して授業のあり方を捉え返そうということである。

この点に関して、松下佳代が重要な指摘をしている。とかくアクティブラーニングというとグループワークやディスカッションという生徒・学生の見た目の活動だと捉えられがちであるが、松下(2015)は『ディープ・アクティブラーニング』(勁草書房)の中で、アクティブラーニングを学習者の〈外的活動における能動性〉だけで捉えるのではなく、深い学びという〈内的活動における能動性〉との関係で捉える必要性を指摘し、アクティブラーニングが浸透するにしたがって「活動あって学びなし」というケースも散見される状況に警鐘を鳴らしている。アクティブラーニングが表面的な活動だけで捉えられ、学習者の「深い学び」を誘発するものでなければ、アクティブラーニングはその意義を失ってしまうことになるだろう。

■教育の中心にあるものは知識の獲得ではなく、生徒・学生たちから剥落することのない思考の方法を身につけること。

■深い理解、構造化された知識とは、生徒・学生自ら新たに得た知識を既有の知識と結びつけ、新たな全体像を構築することである。こうした知識こそ、忘れない、活用できる知識である。

図 1-4　深い学びを促すアクティブラーニング

河合塾編著（2013）『「深い学び」につながるアクティブラーニング』（東信堂）をもとに作成。

各巻との関連づけ

第3巻の「アクティブラーニングをどう評価するか」と題する**第1章(松下佳代)**でも、学習目標となる能力の三軸構造と階層性のなかで、ディープ・アクティブラーニングとの関連を述べています。また、**第2巻の「学びが深まるアクティブラーニングの授業展開－拡散／収束／深化を意識して」**と題する**第3章(水野正朗)**は、個人思考と集団思考の組み合わせによってアクティブラーニングを深めることを説いています。

では、生徒・学生にとって「深い学び」とはどのようなことか。この問いに対する1つの回答を紹介しておこう。ノエル・エントウィルス(2010)は『学生の理解を重視する大学授業』(玉川大学出版部)の中で、教育の中心は、

単なる知識の獲得だけではなく、学生たちが剥落することのない思考方法を身につけるということであると述べている。深い理解、構造化された知識とは、学生自ら新たに得た知識を既有の知識と

■Teaching と Learning の区別
■学生：アクティブラーニング（AL:Active-Learning）
■教師：アクティブラーニング型授業
（ALBI:Active-Learning-Based-Instruction）

図1-5　アクティブラーニングと
アクティブラーニング型授業
溝上慎一（2014）『アクティブラーニングと教授学習法パラダイムの転換』（東信堂）をもとに作成。

結びつけ、新たな全体像を構築するということであり、学んだものが今までの知識と統合され、自分の知識として広がっていく。こうして獲得された知識は忘れない、活用できる知識であり、いわば生きた知識として学習者が社会の中で活用できるような知識になっていくのである（図1-4を参照）。

　以上のように、教師が何を教えたかという「教授パラダイム」ではなく、生徒・学生が何をできるようになったのかという「学習パラダイム」に立つこと、そして生徒・学生自身の学びの深まりを重視すること、このことが学習者のアクティブラーニングを促す教授観に他ならない。

(3) アクティブラーニングとアクティブラーニング型授業の区別

　ところで、「アクティブラーニング」は生徒・学生が行うものであるならば、教師は生徒・学生のアクティブラーニングを支える教育を行うことになるだろう。ここでは溝上（2014）にしたがって、学習者のアクティブラーニング（AL:Active-Learning）を支える教授法を「アクティブラーニング型授業」（ALBI:Active-Learning-Based-Instruction）と呼ぶことにする。ここまでの記述においてもアクティブラーニングとアクティブラーニング型授業を意識的に区別していたが、アクティブラーニングと言う場合は生徒・学生が行う「学び」を指し、アクティブラーニング型授業と言う場合は教師が行う「教育」を指すものとして整理したい（図1-5を参照）。

　アクティブラーニング「型」授業という表現から、生徒・学生の学びに「型」

を嵌めようとするのではないかという誤解を抱く場合もあるだろう。しかし、我々がアクティブラーニング型授業という場合、生徒・学生の「アクティブラーニング(Active-Learning)」に「基づいた(Based)」という意味であり、アクティブラーニングにおける一定の型を推奨しているのではないことをご理解いただきたい。直訳的に言い換えれば「アクティブラーニングに基づく教授法」というぐらいの意味であり、あくまでもわれわれの眼目は、「アクティブラーニングは生徒・学生が行うもの」であるということを強調するということに過ぎない。

各巻との関連づけ

第4巻の「大学教育におけるアクティブラーニングとは」と題する第2章(溝上慎一)では、講義＋アクティブラーニングの複合概念として「アクティブラーニング型授業」が提示され、学習としての「アクティブラーニング」との理論的分別をはかっています。

第2節　アクティブラーニングの意義

さて、ここまでアクティブラーニングの定義とそれを支える考え方について概観してきたが、それらにまつわる問題点に触れながら、アクティブラーニングの意義について考えてみよう。

(1) アクティブラーニングへの誤解

アクティブラーニングという言葉が文部科学省(以下、文科省)の行政用語として登場したのは、2012年8月の中央教育審議会答申「新たな未来を築くための大学教育の質的転換に向けて〜生涯学び続け、主体的に考える力を育成する大学へ〜」(通称、質的転換答申)においてである。少し長くなるが当該箇所を引用しておこう。

> 生涯にわたって学び続ける力、主体的に考える力を持った人材は、学生からみて受動的な教育の場では育成することができない。従来のような知識の伝達・注入を中心とした授業から、教師と学生が意思疎通を図りつつ、一緒になって切磋琢磨し、相互に刺激を与えながら知的に成長する場を創り、学生が主体的に問題を発見し解を見出していく能動的学修（アクティブ・ラーニング）への転換が必要である。すなわち個々の学生の認知的、倫理的、社会的能力を引き出し、それを鍛えるディスカッションやディベートといった双方向の講義、演習、実験、実習や実技等を中心とした授業への転換によって、学生の主体的な学修を促す質の高い学士課程教育を進めることが求められる。学生は主体的な学修の体験を重ねてこそ、生涯学び続ける力を修得できるのである。
>
> 「質的転換答申」4．求められる学士課程教育の質的転換（学士課程教育の質的転換）より抜粋

後述するように「生涯にわたって学び続ける力、主体的に考える力を持った人材」を育成することは現代の教育における大きな課題であり、その意義は十分に理解されなければならない（「2章　現代社会とアクティブラーニング」を参照）。しかしまた、この表現はいくつかの誤解を与えかねない面もあわせ持っている。

1つ目は、「従来のような知識の伝達・注入を中心とした授業から〜学生が主体的に問題を発見し解を見出していく能動的学修（アクティブ・ラーニング）への転換が必要である」という文言を文字通りに捉え、講義などによる知識の伝達は不要であるかの誤解を与えかねないということである。こうした誤解は、生徒・学生の外面的な能動性だけを強調し内面的な能動性をないがしろにする、いわゆる「活動あって学びなし」という傾向を助長しかねない。

2つ目は、「学生が主体的に問題を発見し解を見出していく能動的学修（アクティブ・ラーニング）」という表現から、アクティブラーニングを問題発見、課

題解決型の学習のみに限定し、知識の習得や活用とは無関係であるという誤解を与えかねないということである。事実、マスコミ報道の多くは課題解決型の学びをアクティブラーニングとして捉えている。こうした誤解は高校や大学の現場に混乱をもたらしかねない。教科や専門の知識を習得することは生徒や学生の学力を支えるものであり、決して軽視されてはならないはずである。にもかかわらず、アクティブラーニングは問題発見、課題解決型学習であると誤解されることによって、知識習得を目的とする教育が否定されたように受け取られかねない。あるいは、通常の授業の中でこそ生徒・学生のアクティブラーニングを促すべきなのに、通常の授業とは別のことをしなければならないと受け取られ、教師の負担感を増幅させ、アクティブラーニングへの忌避感を醸成しかねないのである。[1]

　3つ目は、アクティブラーニングの「主語」が不明確である点である。前述のように、「学習パラダイム」に立ってアクティブラーニングを捉え、アクティブラーニングとアクティブラーニング型授業を区別する観点がないために生じている誤解のように見受けられる。

　4つ目は、「アクティブ」と「ラーニング」の間に「・」を入れているため、学習には「受動的」なものと「能動的」なものとがあり、講義は受動的な学習で、学生の活動がなければ能動的学習ではないという安易な二分法が生じかねないということである。しかし、この誤解は少し厄介である。たとえば、学習者に高い意欲があれば、講義を聴いているだけでも頭の中は活性化しており、アクティブな深い学びが起きているはずである。そもそも学習は学習者の頭の中が活性化しなければ生じないのであり、わざわざアクティブラーニングなどと言う必要すらないことになってしまう。アクティブラーニング不要論者の多くはこの点を指摘する。けれども、このことはアクティブラーニングがなぜ必要なのかということが明らかになれば不毛な議論になるのだが、これは後段の議論に譲ることにしたい。ちなみに溝上の定義は「一方的な知識伝達型の講義を聴くという(受動的)学習」となっており、「受動」の内実が生徒・学生の「講義を聴く」という行為に限定されており、学習そのものを受動

／能動に分ける安易な二分法から自由になっている。

　蛇足ながら、「質的転換答申」において、「学習」ではなく「学修」という表記が用いられているのは、「大学設置基準上、大学での学びは『学修』としている。これは、大学での学びの本質は、講義、演習、実験、実技等の授業時間とともに、授業のための事前の準備、事後の展開などの主体的な学びに要する時間を内在した『単位制』により形成されている」からである。つまり、「学修」とは授業とその前後の授業外学習の時間を確保すべきであること求める「行政用語」であると理解しておけば問題ないだろう。したがって、本書では生徒・学生の学びを通常通り「学習」として表記する。

　ここでお断りしておきたいことがある。われわれが答申の表現を引用したのは、答申の表現をあげつらうためではなく、アクティブラーニングにまつわる誤解を整理するためである。われわれは答申の意義を大いに認めるものであることを明言しておきたい。

　さてこうしてみると、溝上によるアクティブラーニングの定義は、これらの問題圏に巻き込まれることなく、アクティブラーニングを的確に捉えるものになっていることがわかる。われわれも溝上にならって「アクティブ・ラーニング」ではなく「アクティブラーニング」という表記を用いることにしたい。

(2) 学びの社会性

　さて、いよいよ「なぜアクティブラーニングが必要なのか」という核心について論じなくてはならないだろう。この問題を象徴的に物語る出来事に遭遇したことがあるので、そのことを例にとって考えてみたい。

　ある大学が開いたアクティブラーニングに関するシンポジウムでの出来事である。(主催者の意図とは異なるものであるため、具体的な大学名を伏せることをご容赦いただきたい。)この大学は、学生のアクティブラーニングを促すために、学生たちが活動しやすい環境を整え(それもかなりの予算を投じて!)、講義一辺倒ではなく学生同士の学び合いを促すアクティブラーニング型授業を

実践してきた。そして、シンポジウムはその成果を報告する場であった。その場には実際にアクティブラーニング型授業を受講した学生たちも参加しており、学生たちにも受講した感想が求められた。ある学生が「こういう授業の意義はわかりますが、くだくだ人と話しているより、先生の手際よい説明を聴いたり、自分で本を読んだりした方が早いと思います」という主旨の発言をした。おそらくその大学でも優秀な学生だと思われるが、ここにはアクティブラーニング型授業の導入に対する典型的な忌避感が表現されている。この学生が無意識のうちに理解している「学習」とは、次のようなものではないだろうか。

・学習とは個人が知識を効率よく身につけることである。
・理解とは自分の頭の中で起こる個人的な営みである。
・教師の説明したことや本に書いてあることはだれでも等しく理解され得るものである。
・理解が足らないのは個人の努力や知的能力が足らないからである。

こうした学習の捉え方は、一見するともっともらしいように思われる。小学校以来、教科書に書かれていること、先生が説明したことを素早く理解し、テストで高得点を取ることに慣れてきた生徒・学生なら「当たり前」だと思っても無理はないだろう。しかし、学びとははたしてそのようなものなのだろうか。

このような学習観は、欧米の社会をモデルにして、それに「追いつけ追い越せ」をスローガンにしていた、かつての日本に典型的に見られる歴史的なものではないだろうか。それも「学校」というある意味で配慮の行き届いた空間でしか成り立たないものではないだろうか。

たとえば、かつての日本人が、欧米の「先進的」な科学的知識を取り入れ、自力で物を創り上げた場面を考えてみよう。容易に想像されることであるが、そこでは複数の人間が協力しながら知恵を出し合い、試行錯誤しながら進められていたはずであり、決して一人の人間の孤立した営為ではなかったはずである。仲間と協力し合いながら試行錯誤をつづける営みの中で、自らの考

えを伝えたり、相手の話を聞いたりしていたはずであり、まさに「思考・判断・表現」しながら学びを深めていたはずである。

また一度、社会から「隔離」された学校という空間を離れ、現実の世界の中で学びを捉え返せば、人間の学びがもつ「社会性」は自ずと明らかになってくる。学びとはもともと人と人の「間」で行われる間主観的な相互行為に他ならない。ましてや変化の激しい現代社会では、学校で学べる知識はきわめて限定的なものであり、社会に出てからも学びつづけなければならない。先例のない、つまり既知の答えのない課題を解決するためには、先輩から知識を学び、自らも進んで知識を獲得しながら、他者と知恵を出し合い、協力して課題を解決するしかないのであり、まさに「学びの相互性」「学びの社会性」が求められているのである。我々現代人にとって学びの社会性を自覚することはどの時代にも増して重要なことであると言えよう。アクティブラーニングはまさに学びの社会性を学校空間において実現しようとするものであり、学校空間における学びの中で、社会に出て生きていく「未来に備える力」を育成すること、これこそがアクティブラーニングの核心であるのだ。

このようにアクティブラーニングが目指す学びの社会性に思い至れば、先述した4つ目の誤解も氷解することになるだろう。この誤解もまた、先ほどの大学生の発言と同じく、学びを個的な営為に限定したことから生じているのではないか。なるほど、個人の内的な深い学びは重要である。しかし、それが他者との相互行為としての学びの中で深まってこそ、学びの意義も深まるのである。

表1-2 社会の変化と求められる能力の変化

近代社会 （メリトクラシー）	現代社会 （ハイパー・メリトクラシー）
基礎学力	生きる力
標準性	多様性・新奇性
知識量・知的操作の速度	意欲・創造力
共通尺度で比較可能	個別性・個性
順応性	能動性
協調性・同質性	ネットワーク形成力・交渉力

本田由紀(2005)『多元化する「能力」と日本社会』(NTT出版)をもとに作成。

(3) 現代社会を生き抜く学びと成長

ところで、アクティブラーニングの核心が「学び」を通して未来に備えることにあるとすれば、学校での学びの先にある「社会」についての理解が必要になるだろう。

本書「2章　現代社会とアクティブラーニング」で概観するように、現代はグローバル化した変化の激しい「知識基盤社会」であると言われている。そうした社会にあっては、かつてのように単線的な人生設計を描くことが難しくなっている。よい大学を出てよい企業に就職すれば安定した生活を送ることができるという「神話」は崩壊し、これから社会に出ようとしている人も、既に社会で活躍している人も、変化に対応しながら生きていくことが求められている。

キャシー・デビッドソン(ニューヨーク市立大学大学院センター教授)は「2011年にアメリカの小学校に入学した子供たちの65％は、大学卒業後、今は存在していない職業に就くだろう」という大胆な予測をしている。予測の当否は問題にするつもりはないが、事実、安泰だと思われていた大企業が倒産する一方で、創業当時とは全く異なる業態へと変貌して力強く活動している企業もある。また、大災害を前に無力をさらけ出す大人たちがいる一方で復興支援のボランティアにひたむきに取り組む若者も現れている。先の見えない変化の激しい時代だからこと、自分の頭で考え、自ら進んで行動し、社会の変化に適応してタフに生きていくことが現代の私たち、とりわけ若者たちに求められているだろう。

本田由紀は、こうした現代社会の変化をメリトクラシー社会からハイパー・メリトクラシー社会への移行と捉えている(本田、2005)。メリトクラシー社会では求められていた能力とは知識量や正確さ、処理速度など標準的で客観性の高いものであったが、今日の社会ではコミュニケーション能力や独創性・問題解決力といったより高度な能力が求められていると指摘している(**表1-2**を参照)。

こうした現代社会では、溝上が指摘するように「若者の学校から仕事へのトランジションが、ライフコースの個人化(Individualization)を加速・リス

ク化させる形で営まれなければならなくなっている」のである（溝上・松下，2014）。かつてのように社会的な成功モデルに自分を合わせるのではなく、「若者は自らの価値観や信念をより積極的に構築し、その価値や信念に基づいて職業選択や人生形成を行っていかねばならない」（同）のである。

　ここにアクティブラーニングが必要されるもう一つの側面、学びを学校空間から社会へと架橋するという「トランジション」の課題が明示されている。筆者は予備校という空間で教育に携わっているが、若者の将来への意識の低さに愕然とすることが少なくない。将来の具体的な職業選択まで意識されていなくても、社会的な出来事に関心を持ち、漠然とであれ将来について考えを持っていてほしいところであるが、若者の意識は身の回りのことに限定されている場合が多いのである。

　あるとき、予備校の授業中に「将来何になりたいのか」と尋ねたことがあった。公務員になりたいと言う塾生（河合塾では生徒を塾生と呼んでいる）がいたのでその理由を尋ねると「安定しているから」という答えが返ってきた。「これから公務員は大変だよ。少子高齢化社会を迎えるし、財政だって四苦八苦だ」と水を向けたが、「それでも公務員がいい」という答えが返ってきた。公務員になることが悪いわけではない。が、言いようのない歯がゆさを感じるのは筆者だけであろうか。受験勉強をして有名大学に入り、公務員試験に合格して安定した生活を得る。たとえその「夢」が叶って公務員になっても、リアリティ・ギャップに苦しむことになるのではないか。その夢が本人の願ってやまないものならまだしも、回りの大人たちの価値観を鵜呑みにしているだけなら、本人だけの問題とは言えないだろう。

　これは予備校にも責任の一端はあるのだが、高校生が将来の見通しをもたず、偏差値という物差しだけで大学を選ぶこともまれではない。目の前の与えられた課題はこなすが、社会の出来事に関心をもったり疑問を持ったりすることはあまりない。そうした高校生たちが偏差値だけを基準に大学を選んでいく。彼／彼女たちは実に良い子たちなのだ。しかし、社会に出ていくにはあまりにも無垢ではないだろうか。

こうした状況については、データの裏づけをもって議論されるべきである。「2章3節　エビデンスに基づく教育改革」ではそうしたデータを基に議論を進めることにしたいが、ここではもう少し問題を整理しておきたい。

溝上は、こうした先の見えにくい社会の中で生きていくためには、個人は自らの「学び」を「成長」へとつなげることが大切であると力説している。

溝上は先の引用箇所につづけて、「もはや、外側(社会)に準拠点を置いてそこに自身(内側)を適合させていくアウトサイドインの適応力学ではなく、自身(内側)に準拠点(価値や信念、目標)を置き、それに基づいて行動や活動を外側(環境や社会)に放射していく、すなわち『インサイドアウト』の力学が新たにもとめられる」と述べている(溝上・松下, 2014)。先ほどの塾生に即して言い換えるならば、公務員というモデルに自分を合わせようとするのではなく、自らの価値観ややりがいを見出しながら、変化する社会の中に自分の居場所を作り、ともに生きていく仲間を見つけ、意義のある人生を築く、ということになるだろう。こうした「能動的主体」の形成こそアクティブラーニングが目指すものである

ちなみに、溝上はここで言う能動的主体を「エージェンシー」(agency)と呼んでいる(溝上・松下, 2014)。エージェンシーの意義については、ジェームズ・コテが学びと成長の観点から有意義な指摘をしている。変化の激しい「後期近代社会」にあっては、ストックされた資源や資本もさることながら、変化に対応できる適応力というきわめて「個的」な能力が鍵となる。つまり、個人の学ぼうとする意欲、変化に対応できる力が重要になってくる。こうした個人の能動性につて、コテは次のようにまとめている(溝上・松下, 2014)。

エージェンシー　→　能動的な動機　→　学業的関与　→　スキル／成績
　→　さらなる機会(より複雑なエージェンシーを実行する機会を含む)

ここで詳しく論じる余地はないが、コテは現代社会の中でタフに生きるために必要なことについて、同書の中で次のようにまとめている(**図表1-6**を参照)。

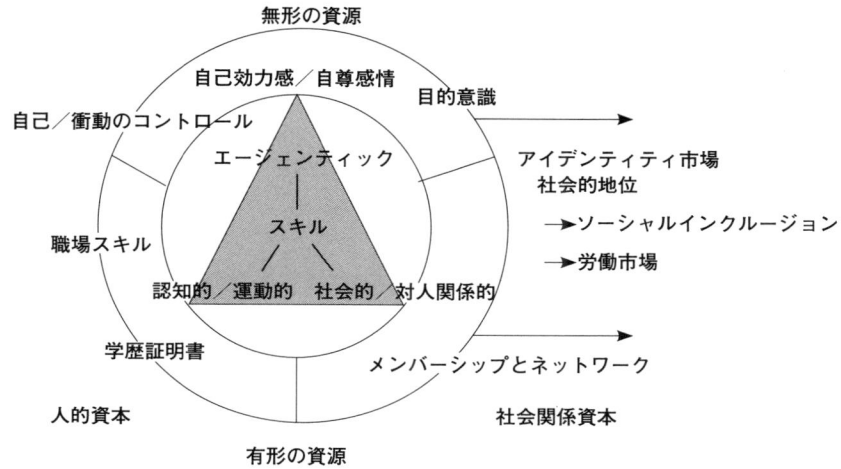

図1-6　後期近代のアイデンティティ資本の「ポートフォリオ」
溝上慎一・松下佳代編（2014）『高校・大学から仕事へのトランジション』（ナカニシヤ出版）をもとに作成。

　中心の三角形が象徴的に示すように、現代社会を生き抜くために必要なことを、自分に向き合う側面（対自己）、他者と向き合う側面（対他者）、認知的側面（対課題）という3軸で捉えると理解しやすいだろう。2章で示すように、OECDの「キー・コンピテンシー」しかり、経済産業省（以下、経産省）の唱える「社会人基礎力」しかり、あるいは我々が整理した「ジェネリックスキ

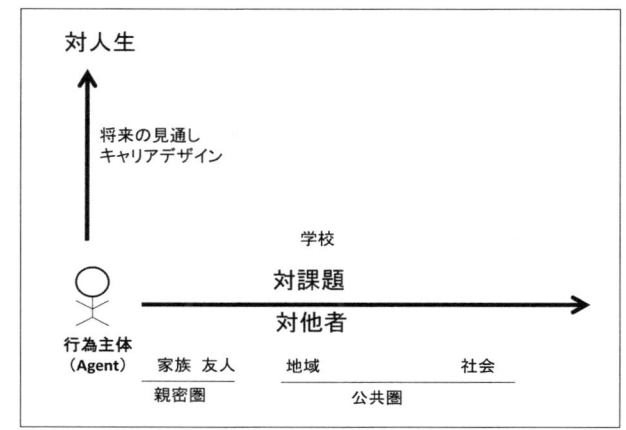

図1-7　エージェンシー（行為主体性）の対象
溝上慎一（2014）「学校と社会をつなぐ調査」第1回調査（2013年秋実施）分析結果報告」講演配付資料をもとに作成。

ル」も、すべてこの3軸に基づいて構造化されている。そして、溝上自身も自らの将来を見据えつつ(対人生＝対自己)、他者と協力して(対他者)、課題を解決する(対課題)という3軸を意識した整理を試みている(図1-7を参照)。

さて、ここまで論じてきたように、アクティブラーニングは、生徒・学生が自らの将来を見すえ、力強く成長していくことを目指している。こうした意義をふまえれば、アクティブラーニングを単なる授業手法として捉えたり、外面的な活動性のみを強調したりすることはなくなるだろう。本節の締めくくりとして、アクティブラーニングが目指すものを次のように整理しておきたい(図1-8を参照)。

アクティブラーニングが目指すもの

①グローバル化した変化の激しい社会では、学校で習った知識だけでは不十分であるため、自ら知識を獲得し、生涯に渡って学び続ける力を育成する。

②習得した知識を活用し、他者と協力しながら、問題を発見し、課題を解決する力を育成する。

③自己管理ができ、他者と良好な関係を築き、課題を解決できるジェネリックスキルを育成する。

④自ら価値観を形成し、将来を見通しながら生きていくための主体性（エージェンシ＝行為主体）を形成する。

図1-8　アクティブラーニングとアクティブラーニング型授業

我々はこうしたアクティブラーニングの目的を集約して「アクティブラーニングはアクティブラーナーを育成することが目的である」と表現することにしている。「アクティブラーナー」とは造語であるが、次のような意味で用いている(図1-9を参照)。

アクティブラーナーとは

一人ひとりが自立した人格を持ち、自ら能動的に学び続け、知識を活用しながら状況に応じて的確な判断を下し、自ら発見した問題、あるいは社会的な課題を、他者と協力しながら解決できる人。

図1-9　アクティブラーナーとは

いささか理想主義的なニュアンスを醸し出すワードではあるが、アクティブラーニングの目指すものが単なる授業手法の改善ではないことをわかりやすく示すためには十分役立つのではないかと考えている。この点について、2015年に開催された河合塾・リアセック・KEIアドバンス主催「PROGトップセミナー」で講演された田中潤（株式会社ぐるなび執行役員人事副部門長）の「学び続けることができる力を持つことは人生最大のセーフティネット」とういう発言は示唆的であった。アクティブラーニングの本質を一言で突いた言葉であろう。こうした理解が広まることを大いに期待したい。

4）アクティブラーニングへの過大な期待を戒めつつ

ところで、ここまで溝上のアクティブラーニングの捉え方に立脚しつつ、その意義について我々なりに論じてきた。しかし、アクティブラーニングが教育の矛盾や課題を解決してくれるのではないかという過大な印象を読者に与えたとしたら、あるいは、意地の悪い読者がわれわれをアクティブラーニングの「原理主義者」と揶揄するとしたら、ともにわれわれの意図に反するものである。

我々は、個人の学びと成長はきわめて複雑で多様な変数から成り立っているものであり、一定の観点から捉えられるものでないことを自覚している。しかし、社会や時代の大きな節目に際しては、蛮勇を奮って時代の変化に棹を差すことも必要であろう。ことに旧来のモデルに立脚した学校教育の閉塞感から抜け出すためには、いままでの成功体験を否定することも避けて通れまい。ちなみに、我々予備校も旧来の教育システムに安住しているなら、社会から退場を余儀なくされることになる。

アクティブラーニングに過大な期待を寄せることは間違っている。アクティブラーニングは現代社会を生きる力を形成する万能薬ではない。そうではなく、アクティブラーニングというマジックワードを通して、われわれが我々のいまを捉え直し、日本の教育の来し方行く末を再照射することこそが求められている。教育可能な領域については最大限配慮し、現代をタフに生

き抜く力を持った若者の育成に努めるべきである。古の哲学者のアフォリズムを思い出そう。ここがロードスだ、ここで跳べ！

> **まとめ**
>
> ■アクティブラーニングとは
> ・アクティブラーニングとは、一方的な知識伝達型の講義を聴くという（受動的）学習を乗り越える意味での、あらゆる能動的な学習のことである。能動的な学習には、書く・話す・発表する等の活動への関与と、そこで生じる認知プロセスの外化を伴う。
> ・アクティブラーニングでは、書く・話す・発表するという外的活動の能動性を通して、深く学ぶという内的能動性の獲得を目指す。
> ・アクティブラーニングでは、他者とつながりながら自らの学びを開き、自己の将来への見通しを持ち、自己と他者、自己と世界との関わりを探究するという「学びの社会性」の獲得を目指すとともに、社会のなかでよりよく生きていくために自らの「成長」を促すことを目指している。
>
> ■アクティブラーニング型授業の目的
> ・アクティブラーニング型授業の目的は、グローバル化した「知識基盤社会」の中で、変化に適応しながら、力強く生きていく若者＝アクティブラーナーを育てることにある。
> ・アクティブラーナーとは、自立した人格を持ち、生涯にわたって学び続け、知識を活用しながら状況に応じて的確な判断を下し、自ら発見した問題あるいは社会的な課題を、他者と協力しながら解決できる人である。
> ・アクティブラーニングは現代社会を生きる力を形成する万能薬ではないが、教育可能な領域については最大限配慮し、その育成に努める。

注

1　高大接続システム会議の中間報告(2015/9/15)の中で、アクティブラーニングの指導指針として3つの観点が示された。その第1に「習得・活用・探究という学習プロセスの中で、問題発見／解決を念頭に置いた深い学びの過程が実現できているかどうか」とあり、アクティブラーニングが課題解決のみではなく、知識の習得や活用においても重要であるという認識が示されている。

文献

溝上慎一(2014).『アクティブラーニングと教授学習パラダイムの転換』東信堂.
松下佳代・京都大学高等教育研究開発推進センター（編著）(2105).『ディープ・アクティブラーニング』勁草書房.
ノエル・エントウィルス著、山口栄一翻訳 (2010).『学生の理解を重視する大学授業』玉川大学出版部.
河合塾(編著)(2013).『「深い学び」につながるアクティブラーニング』東信堂.
中央教育審議会(2012).「新たな未来を築くための大学教育の質的転換に向けて─生涯学び続け、主体的に考える力を育成する大学へ─」中央教育審議会.
本田由紀(2005).『多元化する「能力」と日本社会』NTT出版.
溝上慎一・松下佳代(編著)(2011).『高校・大学から仕事へのトランジション』ナカニシヤ出版.
溝上慎一(2014).「「学校と社会をつなぐ調査」第1回調査(2013年秋実施)分析結果報告」講演配布資料.

●さらに学びたい人に

- 溝上慎一 (2014).『アクティブラーニングと教授学習パラダイムの転換』東信堂.
  ▶アクティブラーニングとは何かを理論的に説いた必読文献。
- 松下佳代・京都大学高等教育研究開発推進センター編著 (2015).『ディープ・アクティブラーニング』勁草書房.
  ▶アクティブラーニングを深い学びへと結びつける意義を説いた理論書。
- 小林昭文・成田秀夫 (2015).『今日から始めるアクティブラーニング　高校授業における導入・実践・協働の手引き』学事出版.
  ▶高校におけるアクティブラーニングの意義を実践的に示したもの。

第2章

現代社会とアクティブラーニング

第1節　アクティブラーニングがもとめられる背景
　　　　——社会の変化に対応するために

　さて、アクティブラーニングがグローバル化した変化の激しい現代社会の中で、若者がタフに生きていくことを目指しているなら、当の現代社会について理解を深めておく必要があるだろう。しかし、現代社会の捉え方とそこでの教育のあり方は論者によって異なるため、ここでは文科省の整理にしたがって話を進めたい。

(1)「知識基盤社会」の到来

　文科省はグローバル化した変化の激しい現代社会を「知識基盤社会」(knowledge-based society)として捉え、その特徴を次のようにまとめている(図

---

①知識には国境がなく、グローバル化が一層進む。
②知識は日進月歩であり、競争と技術革新が絶え間なく生まれる。
③知識の進展は旧来のパラダイムの転換を伴うことが多く、幅広い知識と柔軟な思考力に基づく判断が一層重要になる。
④性別や年齢を問わず参画することが促進される。

図2-1　知識基盤社会の特徴の例示
平成17年中央教育審議会答申「我が国の高等教育の将来像」をもとに作成。

2-1を参照）。

　現代社会の特徴を簡潔にまとめられているので、これ以上の説明は不要であるが、とくに「③　知識の進展は旧来のパラダイムの転換を伴うことが多く、幅広い知識と柔軟な思考力に基づく判断が一層重要になる」という指摘は、現代社会における教育を考えるにあたって十分留意される必要があるだろう。

　事実、平成21年7月に発表された「学習指導要領解説　総則編　第1章総説」の中では、今回の「学習指導要領」の改訂が「知識基盤社会」への対応を意図したものであることが示されている。文科省は日本が置かれている状況を的確に捉え、初等中等教育における「生きる力」の提唱や「思考力・判断力・表現力」の育成、高等教育における「学士力」の提唱や「就業力」育成など、グローバル化した「知識基盤社会」への対応策を打ち出していると言えるだろう。

　しかし、教育の現場ではやっとこうした認識を受けとめ対応し始めたというのが現状ではないだろうか。2000年代初頭に提起された課題が広く理解されるまでに10余年を費やしていることになる。教育改革のスピードを上げていくためには、現代社会で求められている力が何であり、それをどのように育成し評価するのかを明らかにして、教育界と産業界、社会が共通認識を持って改革を進めることが必要であろう。

(2)「知識基盤社会」で求められる力とは

　では、「知識基盤社会」と総称される現代社会をタフに生き抜くためには、どのような力が求められているのだろうか。この点については、識者や機関がさまざまな角度から多様な考え方を示しており、唯一の正解があるわけではないので、ここでは先行する事例を列挙（事例間の関連や概念的な整理はひかえた）した上で、われわれなりの考えを示しておきたい。したがって事例はあくまでもヒントとしてご理解いただきたい。

　1章では本田由紀の整理を紹介したが、ここでは平成23年11月に文科省が提示した『高等学校キャリア教育の手引き』で紹介された、ドナルド・E・

スーパーの「職業適合性理論」の考え方を概観しておこう（**図2-2**を参照）。

スーパーは、職業選択を個人と職業の適合であると捉え、職業適合性（vocational fitness）という考えを示した（スーパー , 1957）。この考えはすでに古典と化しており、後に紹介することに比して見劣りするかもしれないが（「3節(3)PROGが示すもの」の項

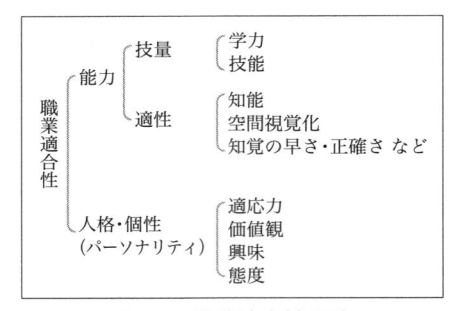

図2-2　職業適合性理論
文部科学省『高等学校キャリア教育の手引き』をもとに作成。

を参照）、若者が現代社会でタフに活躍することを理解するうえで参考になるだろう。

スーパーは個人と職業の適合を個人の持つ「能力」(ability)と「人格・個性」(personality)に区分して捉えた。

能力は、さらに「技量」(proficiency)と「適性」(aptitude)の二つに区分されており、技量は学習によって習得可能な能力とされ、「学力」(achievement)と「技能」(skill)に下位分類されている。それに対して適性は生得的な部分が多いとされており、知能テストなどで測定されるような「知能」(intelligence)、「空間視覚化」(spatial visualization)、「知覚の速さ・正確さ」(perceptual speed-accuracy)などに下位分類されている。

一方、人格・個性はその内実として「適応力」(adjustment)「価値観」(value)「興味」(interest)「態度」(attitude)などが挙げられており、これらはさまざまな経験や能力の向上などを通して常に変容するものとされている。

キャリア教育が提唱する社会的・職業的自立、学校から社会・職業への円滑な移行（トランジション）に必要な力の要素は、スーパーが提唱した職業適合性とも共通する側面を多く持っており、こうした多面的視点から生徒・学生の成長を促すことが求められていると言えよう。

第2章 現代社会とアクティブラーニング　27

> 各巻との関連づけ
>
> 第4巻の「アクティブラーニングの背景」と題する**第1章（溝上慎一）**では、アクティブラーニング推進の背景にある、学校から仕事・社会へのトランジションを説明しています。また、**同巻の「キャリア教育の視点から見たアクティブラーニング」**と題する**第5章（鈴木達哉）**では、キャリア教育、トランジションとアクティブラーニングの親和性について論じています。

　ところで、若者が現代社会で活躍するための能力をどのように捉えるかについて、世界の動向を捉えると、OECDの提唱する「キー・コンピテンシー」や北米を中心に世界的ICT企業なども加わって研究が進められている「21世紀型スキル」などを挙げることができる。

　日本でも話題になった国際的な学習到達度調査（PISA）は、経済協力開発機構（OECD）の「キー・コンピテンシー」に基づいて実施されたものである。キー・コンピテンシーとはOECDのDeSeCoが整理した概念であり、「道具

３つのキー・コンピテンシー

OECDのDeSeCoプロジェクトとは

OECDが1999～2002年にかけて行った国際合意の基で新たな能力概念を定義しようとしたプロジェクト。言葉や道具を行動や成果に活用できる力（コンピテンス）の複合体として、人が生きる鍵となる力、キー・コンピテンシーの定義・選択を行った。
12の加盟国から今後どのようなコンピテンシーが重要となるかのレポートを得て、その結果を教育学から哲学、経済学、人類学など、様々な分野の専門家が学際的な討議を行い、右図の３つのカテゴリーにまとめた。

異質な集団で交流する
A 他者とうまく関わる
B 協働する
C 紛争を処理し、解決する

自律的に活動する
A 大きな展望の中で活動する
B 人生計画や個人的プロジェクトを設計し実行する
C 自らの権利、利害、限界やニーズを表明する

道具を相互作用的に活用する
A 言語、シンボル、テクストを相互作用的に用いる
B 知識や情報を相互作用的に用いる
C 技術を相互作用的に用いる

コンピテンシーの核心
思慮深さ（Reflectiveness）

PISAのテスト領域
現代的リテラシー

図2-3　OECD・DeSeCoのキー・コンピテンシー
国立教育政策研究所のホームページ（http://www.nier.go.jp/）をもとに作成（2012年7月26日閲覧）

を相互作用的に活用する」「異質な集団で交流する」「自律的に活動する」という3つの領域から構成されている(図2-3を参照)。

こうした捉え方は、内閣府の「人間力」、経産省の「社会人基礎力」、文科省「学士力」などと通底するものであり、基礎学力や専門的な知識・技能にとどまらない、より汎用的な「ジェネリックスキル」の重要性を印象づけた。

一方、「21世紀型スキル」は、「21世紀型スキルの学びと評価プロジェクト」(Assessment and Teaching of Twenty-First Century Skills Project)(通称ATC21S)が定義した4領域10要素として整理されている(図2-4を参照)。

こうした捉え方は、国立教育政策研究所(以下、国研)による「21世紀型能力」の提唱に通底している。国研は21世紀に求められる資質・能力を、「思考力」(論理的・批判的思考力、問題発見解決力・創造力、メタ認知)、「基礎力」(言語的リテラシー、数量的リテラシー、情報リテラシー)、「実践力」

思考の方法	1. 創造性とイノベーション
	2. 批判的思考、問題解決、意思決定
	3. 学び方の学習、メタ認知
働く方法	4. コミュニケーション
	5. コラボレーション(チームワーク)
働くためのツール	6. 情報リテラシー
	7. ICTリテラシー
世界の中で生きる	8. 地域とグローバルのよい市民であること
	9. 人生とキャリア発達
	10. 個人の責任と社会的責任

図2-4 21世紀型スキル

ATC21S (Assessment and Teaching of 21st Century Skills)(http://atc21s.org) をもとに作成。(2015年8月14日閲覧)

(自律的活動力、人間関係形成力、社会参画力・持続可能な未来への責任)という三層構造として整理している。2012年度報告書では、(1)社会の変化に対応できる汎用的な資質・能力を教育目標として明確に定義する必要がある、(2)人との関わりの中で課題を解決できる力など、社会の中で生きる力に直結する形で、教育目標を構造化する必要がある、(3)資質・能力の育成は、教科内容の深い学びで支える必要がある、としている。こうした提言は、今後の教育課程編成の共通認識として反映されていくことになるだろう。

＜3つの能力／12の能力要素＞

前に踏み出す力（アクション）
一歩前に踏み出し、失敗しても粘り強く取り組む力
- 主体性：物事に進んで取り組む力
- 働きかけ力：他人に働きかけ巻き込む力
- 実行力：目的を設定し確実に行動する力

考え抜く力（シンキング）
疑問を持ち、考え抜く力
- 課題発見力：現状を分析し目的や課題を明らかにする力
- 計画力：課題の解決に向けたプロセスを明らかにし準備する力
- 創造力：新しい価値を生み出す力

チームで働く力（チームワーク）
多様な人々ともに、目標に向けて協力する力
- 発信力：自分の意見をわかりやすく伝える力
- 傾聴力：相手の意見を丁寧に聴く力
- 柔軟性：意見の違いや立場の違いを理解する力
- 状況把握力：自分と周囲の人々や物事との関係性を理解する力
- 規律性：社会のルールや人との約束を守る力
- ストレスコントロール力：ストレスの発信源に対応する力

図 2-5　経済産業省「社会人基礎力」

経済産業省のホームページ（http://www.meti.go.jp/policy/kisoryoku/kisoryoku_image.pdf）をもとに作成。（2015 年 8 月 14 日閲覧）

学士力に関する主な内容

1. 知識・理解
   専攻する特定の学問分野における基本的な知識を体系的に理解（多文化の異文化に関する知識の理解，人類の文化・社会と自然に関する知識の理解）

2. 汎用的技能
   知的活動でも職業生活や社会生活でも必要な技能（コミュニケーション・スキル，数量的スキル，情報リテラシー，論理的思考力，問題解決力）

3. 態度・志向性
   自己管理力，チームワーク・リーダーシップ，倫理観，市民としての社会的責任，生涯学習力

4. 統合的な学習経験と創造的思考力
   自らが立てた新たな課題を解決する能力

図 2-6　文部科学省「学士力」

文部科学省ホームページ（http://www.mext.go.jp/b_menu/shingi/gijyutu/gijyutu4/siryo/attach/1247211.htm）をもとに作成。（2015 年 8 月 14 日閲覧）

OECDとACT21Sでは「コンピテンシー」と「スキル」という用語が使われており、英語のニュアンスの問題もあってワードとして統一されていない。[1] 日本語ではともに「能力」と訳すことができるが、前者が「対人」「他自己」「対課題」の3軸に即して構造的に整理されているのに対して、後者が要素を並列的に提示しているという違いがある。その上で再整理すると、経産省の「社会人基礎力」(**図2-5**を参照)は前者に、文科省の「学士力」(**図2-6**を参照)は後者に近い整理になっていると言えよう。

> **各巻との関連づけ**
> 第3巻の「アクティブラーニングをどう評価するか」と題する第1章(松下佳代) でも、目標としての能力をどう捉えるかを、学力の三要素と重ねて説明しています。

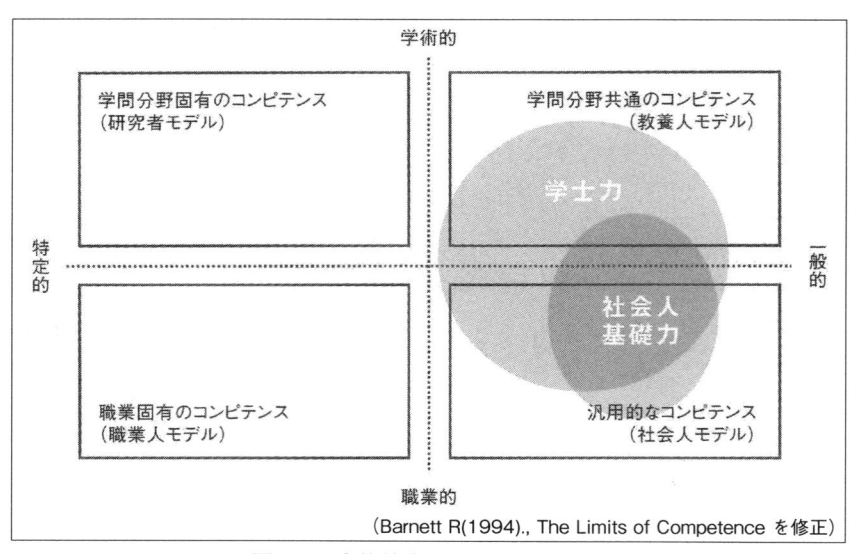

図2-7　高等教育で求められる能力

(Barnett R(1994)., The Limits of Competence を修正)

2011年度PROGセミナー川嶋太津夫講演「大学におけるジェネリック・スキルの評価」配付資料をもとに作成。

ただし、ここで強調したいのは、2つの潮流の外形的な違いではなく、根底で共通しているということである。そこで、共通性を洗い出す際に、イギリスの高等教育学者であるバーネットの整理を参考にしたい。

バーネットは高等教育で求められるスキルを4つの象限で整理している（図2-7を参照）。

横軸は「特定」の分野に限定される能力か「一般的」な能力か、縦軸は育成すべき能力を誰が決めているのかによって、大学関係者が「学術的」な立場から決めているのか、それとも社会や企業の関係者が「職業的」な立場から決めているのかを示している。

Aの「学術的」でかつ「特定」な性質を持つ能力とは、医学や法学等の学問固有の能力のことである。ここではこうした能力を「研究者モデル」の能力と呼ぶことにする。

また、Bの「学術的」でかつ「一般的」な性質を持つ能力とは、数学でも文学でも医学でも歴史学でも共通する、大学で学ぶために必要な能力のことであり、一般教育の中で育成される能力のことである。ここではそれを「教養人モデル」の能力と呼ぶことにする。

それらに対して、Cの「職業的」でかつ「特定」な性質を持つ能力とは、ある種の職業の世界から求められる能力のことであり、医師なら医師、弁護士なら弁護士として必要な能力のことである。通常は職業教育として育成されているが、ここでは「職業人モデル」の能力と呼ぶことにする。

最後に、Dの「職業的」かつ「一般的」な性質を持つ能力とは、どの分野でも活用できる一般的な能力であり、伝統的な大学教育においてはほとんど意識されてこなかったものであるが、ここでは「社会人モデル」の能力と呼ぶことにする。

ヨーロッパの大学では、これまで一般的に「研究者モデル」と「職業人モデル」の能力を育成してきたと言えるだろう。たとえば、イギリスのユニバーシティでは「研究者モデル」の能力を、ポリテクニックでは「職業人モデル」の能力を主に教育してきた。それに対してアメリカや日本では、「教養人モデ

ル」の一般教育と、学問分野ごとの「研究者モデル」の専門教育をセットしたもの、あるいは一般教育と教師養成学部や医・薬学部での「職業人モデル」の職業教育をセットした教育が主流であったと言えるだろう。

こうした観点から整理してみると、「キー・コンピテンシー」や「21世紀型スキル」は「社会人モデル」の能力をベースとしながらも、「教養人モデル」の能力とも親和性の高い能力だとみることができる。ちなみに「社会人基礎力」や「学士力」を整理すると、図2-7に示すようになるだろう。

次節では、こうした整理をふまえ、我々なりの考え方を示したい。

第2節　アクティブラーニングとジェネリックスキルの育成・評価
——学力の3要素とジェネリックスキル

現代社会をめぐる世界的な動向、そして日本での教育改革の動向とシンクロナイズしながらも、それぞれの教育機関がそれぞれの立場で教育改革、教育実践を推し進めることが健全な姿ではないだろうか。我々も民間の教育機関として、大学入試を基軸として高校と大学をつなぐ役割を果たしてきた。しかし、現代社会をめぐる動きの中では、高校─大学─社会を貫く教育の変革が求められている。我々も大学合格だけを目的にするのではなく、社会人として活躍できる人材の育成をも視野に入れて自己変革していかなければならない。これから述べることは、我々が「自分事」として教育のいまを捉え、正解とは言えないまでも、一定の解を示そうとする苦闘の表現としてご理解頂ければ幸いである。

(1) ジェネリックスキルとは

すでに概観したように、「キー・コンピテンシー」「21世紀型スキル」「社会人基礎力」「学士力」と、言葉の上では百花繚乱の相を呈している。しかしバーネットの整理をふまえれば、いままでの教育は教科や専門の知識や技能の習得、あるいは、知識と一般教養に軸足が置かれていことは明らかだろう。

言い換えれば、いままでの社会では、専門や教養を身につけておけば、就職してから社会人としての能力を開花させることは可能だとされていたのである。しかし、「1章2節 アクティブラーニングの意義」で確認したように、現代社会ではエージェンシー（行為主体）としての個人が、自らの来し方行く末を考えながら、社会に適応していかなくてはならなくなった。溝上の言う通り、会社の言う通りにやっていれば安泰という時代はすでに過ぎ去ったのである。個々人が、いわばGPAを搭載したナビゲーションシステムのように、複雑な社会を「自立航行」していかねばならない。

我々はその自立航行を可能にする心臓部を「ジェネリックスキル」(generic skills)と呼んでいる。日本で「ジェネリック」と言うと「後発医薬品」を連想される向きもあるので使用をためらわなかったわけではないが、この名称を選択せざるを得なくなった経緯について少しだけ触れておこう。

表2-1 能力表記に関する各国の比較

国	オーストラリア	英国(NCVQ)	カナダ	米国(SCANS)
ジェネリックスキル／コンピテンス	Mayer Key Competencies	Core Skills	Employability Skills Profile	Workplace Know-how
知的コンピテンス	●情報を収集し、分析し、整理する数的スキル ●問題解決力	●生涯学習力 ●数的スキル ●問題解決力	●思考力 ●数的スキル ●問題解決力 ●意思決定力	●思考スキル（創造的思考、判断、問題解決） ●基本スキル（読み書き、数学、対話）
社会的コンピテンス	●他者との協働 ●チームワーク	●他者との協働	●責任感 ●他者との協働	●チームワーク ●リーダーシップ ●責任感
コミュニケーションコンピテンス	●アイデアと情報の伝達 ●技術の活用	●コミュニケーションスキル ●情報技術	●コミュニケーションスキル ●技術の活用	●情報の活用 ●技術的システムの理解

2011年度PROGセミナー川嶋太津夫講演「大学におけるジェネリック・スキルの評価」配付資料をもとに作成。

2006年に経産省が「社会人基礎力」を提唱する際には、河合塾は事務局の一翼を担っており、その調査・開発・普及に努めてきた。したがって、当初は「社会人基礎力」という名称を使うことを想定していた。しかし、「社会人基礎力」の後を追うように、2008年に文科省が「学士力」を提唱するようになると、大学において微妙な反応が見られるようになった。補助金の出所によって使える名称に制限がかかるようになったのである。われわれとしては「社会人基礎力」も「学士力」もその意義を十分に認める立場を取るものであるが、どの名称を使うかによってどちらかの省庁に帰依しているかのごとき状況にはいささかの違和感を抱かざるを得ない。そこで、自分たちの立場がニュートラルであることを示すために名称を決めせざるを得なくなったのである。その際、各国で使われている名称を検討し(**表2-1を参照**)、カタカナ語に置き換えたときのニュアンスも勘案したうえで、ジェネリックスキルという名称を用いることにした。

　ジェネリックスキルを「汎用的技能」と訳すことは可能であるが、この訳語自体がこなれていないこと、また訳語から内容を推測する場合もカタカナ語から内容を推測する場合も大差ないこと、さらに「学士力」の中で使われている「汎用的技能」よりもわれわれの想定する能力範囲が広いことなどの理由から、あえてカタカナ語の表記を採用することにした。

　我々はジェネリックスキルを「専門に関わらず、社会で求められる汎用的な能力・態度・志向のこと」と簡潔に定義している。バーネットをふまえたわれわれの整理にしたがえば「社会人モデル」の能力にあたる内容であるが、generic（汎用）の反意語がspecific（特定）であることを手がかりに、ジェネリックスキルとは何かについて、学生が就職する場面を想定しながら考えてみよう。

　まず、ある特定の「仕事」に必要なスキル(job-specific skills)とは、ある同じ会社の中でも、事務系であれば企画、営業、人事、広報、マーケティングなど、技術系であればシステムエンジニア、プログラマー、施工管理などさまざまな仕事があるように、それぞれの仕事に必要な「特定」のスキルのことで

ある。日本の企業が新卒の学生の採用に際してこうした特定の仕事のスキルを明示して募集することはほとんどないため、就職後に仕事をしながら身につける(on the job training)しかないことになる。

　また、ある特定の「職業」に求められるスキル(vocational skills)とは、たとえば医師や弁護士、教師など特定の職業で必要とされるスキルのことであるが、医師として、弁護士として、教師として、どのような力が求められているかについては、未だ明確になっていないのが実情であるが、特定の職業に関する知識をベースとした資格試験に合格することが、それらの職業へのパスポートになっている。

　それらに対して、ジェネリックスキル(generics skills)とは、あらゆる職業を超えて活用できる「転移可能(transferable)」なスキルのことである。たとえば、ある大学の同じ学部を卒業した学生が、ある学生は公務員に、別の学生は商社に、さらに別の学生が教師になることができるように、どんな職業に

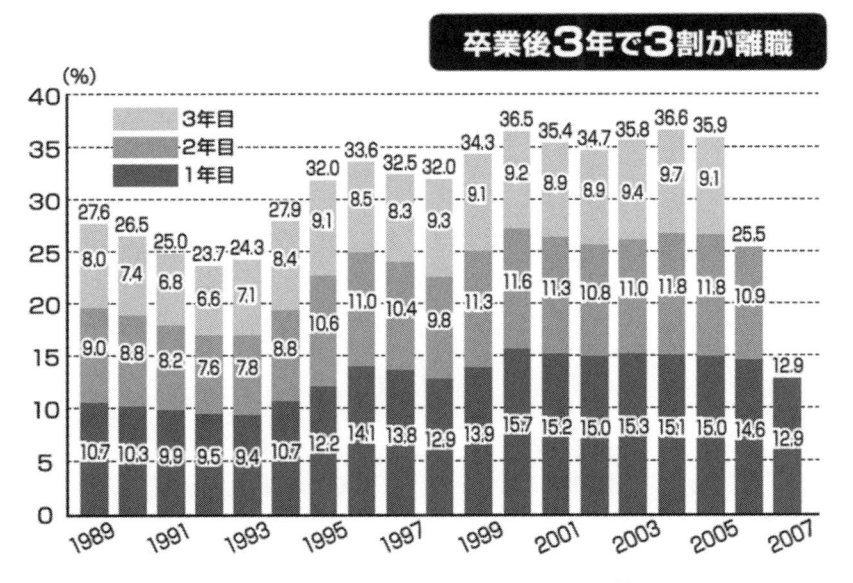

図2-8　新規学校卒業就職者の就職離職状況
（厚生労働省：新規学校卒業就職者の就職離職状況調査）

ついても共通に求められるスキルのことである。別の言い方をすれば、就職後、工学を学んだ学生が営業に、法学を学んだ学生が経理に配属されることもあり得るが、そうした際にスムーズに仕事がこなせるのは、このスキルがあるからである。

また、転職する際にもまったく同じ職種に就くとは限らないので、ある仕事から別の仕事に転職（キャリア・チェンジ）する際に求められる力が、このジェネリックスキルである。

大学を卒業して就職した者の3割が3年以内で離職している現状を考えれば、日本も欧米のように転職が当たり前になる社会へと変化していると言えよう（図2-8を参照）。

こうした現状をふまえれば、日本の若者にとって、新卒で就職するとき「就職力（immediate employment）」だけでなく、一生にわたって働き続けられる「持続的就業力（sustainable employability）」を身につけることが求められている。事実、ジェネリックスキルの高い学生ほど「雇用可能性（employability）」も高

図 2-9　ジェネリックスキルを構成するリテラシーとコンピテンシー
河合塾・リアセック監修（2015）『PROG白書2015』（学事出版）をもとに作成。

(2) ジェネリックスキルを構成するリテラシーとコンピテンシー

　さて、われわれはジェネリックスキルを、リテラシーとコンピテンシーという2領域において捉えている（図2-9を参照）。詳しい説明は河合塾・リアセック監修PROG白書プロジェクト編著(2015)『PROG白書2015』（学事出版）に譲り、ここでは概括的な説明にとどめておきたい。ちなみに「リテラシー」は河合塾教育研究開発本部が、「コンピテンシー」については、当時リクルートの関連会社であったリアセック社（現在は河合塾と連携）が概念構築した。

　我々はリテラシーを「知識を活用して問題を解決する力」と簡潔に定義しているが、「知的なコンピテンス」「学び続ける素養」として捉えることができる。そこで、リテラシーという概念について若干補足しておこう。

　周知のようにリテラシー（literacy）の古典的な意味は「書き言葉を正しく読んだり書いたりできる能力」のことであり、日本では「識字」と同じような意味として理解されてきた。また、近年では「メディアリテラシー」「情報リテラシー」「金融リテラシー」等のように、ある特定領域の知識や技術を活用する力という意味で用いられることもある。しかし、OECDの「キー・コンピテンシー」では、広く知識や技能を活用して問題を解決する力としてリテラシーの現代的意義を強調するようになっている（リテラシーの現代的な意義については、中村・大島・成田ら(2014)『21世紀を生きる大学生の日本語リテラシーを育む』（ひつじ書房）を参照して頂きたい）。

　ところで、チャールズ・S・パースによれば、一般に人間の思考様式には「演繹（Deduction）」「帰納（Induction）」「仮説的推論（Abduction）」があるとされる。それらを略述すれば、演繹とは既知の知識や法則を現実に活用する思考様式、帰納とは現実から法則や知識を構築する思考様式、仮説的推論とは現実を最もよく説明しうる仮説を想定する思考様式ということになる。

　こうしたパースの考えを参考にしつつ、生徒・学生が思考のあり方を、次

表2-2　問題解決のプロセスに即したリテラシーの整理

能力	定義
①情報収集力	課題発見・課題解決に向けて、幅広い観点から適切な情報源を見定め、適切な手段を用いて情報を収取・調査し、それらを適切に整理・保存する力。
②情報分析力	事実・情報を思い込みやおくそくではなく、客観的かつ多角的に整理・分類し、それらを統合して隠れた構造を捉え、本質を見極める力。
③課題発見力	さまざまな角度か、広い視野から現象や現実を捉え、それの背後に隠れているメカニズムや原因について考察し、解決すべき課題を発見する力。
④構想力	さまざまな条件・制約を考慮しながら問題解決までのプロセスを構想し、その過程で想定されるリスクや対処方法を構想する力。
⑤表現力	状況や場面に即して、伝えたいことを伝えたい相手に、的確な手段を用いて伝える力・
⑥実行力	問題解決のプロセスを俯瞰し、解決策の実施をコントロールしながら問題解決を遂行し、それを評価する力。

河合塾・リアセック監修(2015)『PROG白書2015』(学事出版)をもとに作成。

のように整理することができるだろう。

①帰納的な思考様式：学生が経験を振り返り、自ら問題を発見し、自ら解決策を模索し、経験を概念化する。
②演繹的な思考様式：一般的、あるいは専門的な知識を活用して現実世界を捉え、現象の背後にある法則性や本質を理解する。
③高次の思考様式：帰納的、演繹的な思考様式のトレーニングを踏まえつつ、批判的な思考や創造性を育む。

　我々はリテラシーを「知識を活用して問題を解決する力」と簡潔に定義しているが、そこには「知識の活用＝演繹的な思考様式」と「問題解決＝帰納的な思考＋高次の思考様式」という含意があることをご理解いただけるのではないだろうか。

知識を活用して問題を解決する力をリテラシーと呼ぶならば、問題解決のプロセスに即してリテラシーの内実を規定することができるだろう(**表2-2**を参照)。

　問題解決のプロセスとは、必要な情報を収集し(情報収集力)、集めた情報を分析し(情報分析力)、そこから解決すべき課題を発見して(課題発見力)、広い観点からリアリティのある解決策を構想し(構想力)、それを実現するために他者にわかりやすく伝え(表現力)、他者と協力して実行する(実行力)という6つのステップのことである。

　こうしたプロセスは問題解決の概念上のプロセスを示すものであり、現実の問題解決プロセスを規定するものではない。実際には、課題について考えることから始めたり(課題発見力)、所与の現実について考えることから始めたり(情報分析力)、これらの順番通りではない場合もある。むしろ、情報分析からさらなる情報収集へ、課題の考察から情報分析へ、行きつ戻りつしながら思考が深まって行くのである。

　ただ、われわれが問題解決のプロセスを6つのステップで整理することに意義を見出しているのは、以下のようなメリットがあるからである。

・問題解決の過程で自分が「いま、何を」しているのかわかりやすい。
・問題解決の過程で不具合が生じた際に、プロセスのどこに問題があるのか探索しやすい。
・帰納的な思考、演繹的な思考、高次の思考をバラバラに習得するのではなく、問題解決のプロセスの中でそれらの意義を確認しながら育成できる。
・現実の問題解決は問題の存在する「文脈」に即した「全体的な構造」を持ったものであるが、教育的な場面においては問題解決に必要な能力を「要素」化し、それぞれを評価しやすい。

> 各巻との関連づけ
>
> 第2巻の「アクティブラーニングとしてのPBL・探究的な学習の理論」と題する**第1章（溝上慎一）**でも、PBLに即した問題解決学習のプロセスを説明しています。また、同巻の「**問題解決や課題探求のための情報リテラシー教育**」と題する**第2章（長澤多代）**では、情報リテラシーとしての問題解決のプロセスを説明しています。

　さて一方、「コンピテンシー」とは、一般には「経験することで身についた行動特性」という意味であるが、我々はコンピテンシーを「自分を取り巻く環境に実践的に対処する力」として簡潔に定義し、「対人」「対自己」「対課題」の3軸に即して整理している。結果としてではあるが、OECDの「キー・コンピテンシー」や経産省の「社会人基礎力」、溝上の整理する「エージェンシーの対象」の3軸と親和的な構成になっている。

　我々が措定するコンピテンシーの3軸による構成概念は、2003年に内閣府の人間力戦略研究会によって策定された「人間力」の定義に基づいている。人間力とは、「社会を構成し運営するとともに、自立した一人の人間として力強く生きていくための総合的な力」と定義され、ビジネスシーンだけでなく、市民活動まで視野にいれた、いわば21世紀を「生きる力」と捉えることができる。

　人間力では、次の3つが必要能力として考えられている。

> ①知的能力的要素
> 　「基礎学力（主に学校教育を通じて修得される基礎的な知的能力）」、「専門的な知識・ノウハウ」を持ち、自らそれを継続的に高めていく力。また、それらの上に応用力として構築される「論理的思考力」、「創造力」などの知的能力的要素

②社会・対人関係力的要素
　「コミュニケーションスキル」、「リーダーシップ」、「公共心」、「規範意識」や「他者を尊重し切磋琢磨しながらお互いを高め合う力」などの社会・対人関係力的要素
③自己制御的要素
　これらの要素を十分に発揮するための「意欲」、「忍耐力」や「自分らしい生き方や成功を追求する力」などの自己制御的要素

内閣府人間力戦略研究会(2003)「人間力戦略会議報告書」

　これをもとに、我々は、①知的能力的要素はさまざまな状況の中で問題解決に向け実効をあげる能力領域を指す「対課題基礎力」とした。②社会・対人関係力的要素は、人間関係の構築やコミュニケーションに関係する能力領域を指す「対人基礎力」とした。さらに、③自己制御的要素は、ストレスやプレッシャーの中でも自分のやる気をコントロールする能力領域を指す「対自己基礎力」とすることにした。

　しかし、「対人基礎力」、「対自己基礎力」、「対課題基礎力」について、「人間力」の中では具体的な構成要素までの定義は行われていなかった。さらに詳細な構成概念については、2006年リクルートワークス研究所において行われた調査研究をもとにしている。その分析手順は次のようなものである。

　①2000年以降に経済団体や地方自治体、官公庁などが行った、「社会人に求められる汎用的技能」に関する調査から、代表的調査9つを選び（厚生労働省2005「企業が求める人材の能力などに関する調査」、経団連2004「企業が新卒学生に求める人材像」など）、その中で汎用的技能として挙げられている項目を全て抽出した（自分とは異なる考えを理解する能力、責任感、リーダーシップを発揮することなど）。結果、407の要素が抽出された。それらを意味的に分類した結果、「対人基礎力」、「対自己基礎力」、「対課題基礎力」が3つずつの下位要素に（計9要素に）、さらに、思考力、処理力、専門力、職業的態度（意欲、好奇心・興味、その他）などに分類されることが確認された。

②分類されたそれぞれの要素と、企業の採用基準の関係をみるために、2006年時点のリクナビ(リクルート社が運営する就職情報サイト)に、新卒の募集広告を掲載した約1万社の中から、32業種各30社(計960社)を無作為に抽出し、それらが「選考基準」として広告上に提示している言葉を収集した(計4,160語)。それらの言葉を分類した要素に振り分けることで、大卒新卒者の選考基準が確認された(**図2-10**を参照)。

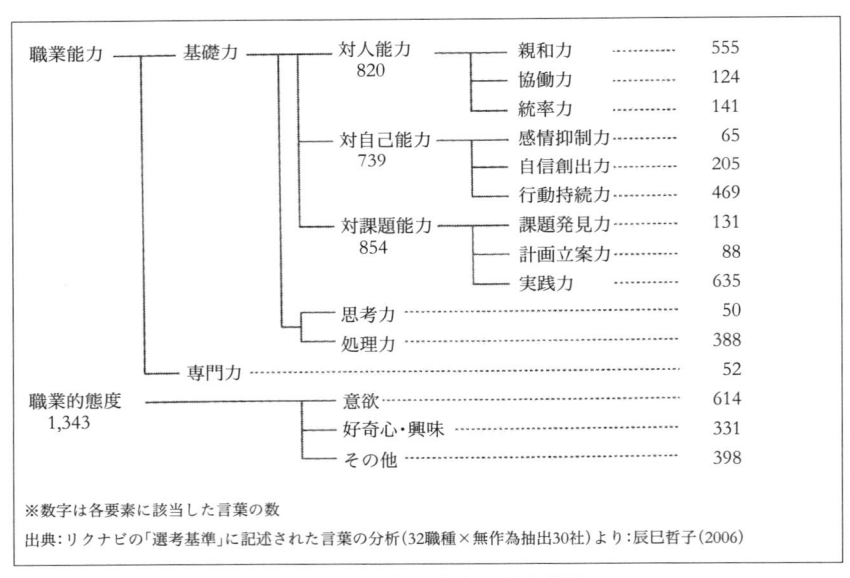

```
職業能力 ─── 基礎力 ─┬─ 対人能力    ┬─ 親和力       ……… 555
                    │   820       ├─ 協働力       ……… 124
                    │              └─ 統率力       ……… 141
                    ├─ 対自己能力   ┬─ 感情抑制力    ……… 65
                    │   739       ├─ 自信創出力    ……… 205
                    │              └─ 行動持続力    ……… 469
                    ├─ 対課題能力   ┬─ 課題発見力    ……… 131
                    │   854       ├─ 計画立案力    ……… 88
                    │              └─ 実践力       ……… 635
                    ├─ 思考力                     ……… 50
                    └─ 処理力                     ……… 388
         └─ 専門力                                ……… 52

職業的態度 ─┬─ 意欲                              ……… 614
  1,343   ├─ 好奇心・興味                        ……… 331
          └─ その他                              ……… 398
```

※数字は各要素に該当した言葉の数
出典:リクナビの「選考基準」に記述された言葉の分析(32職種×無作為抽出30社)より:辰巳哲子(2006)

図2-10 大卒新卒者の選考基準
河合塾・リアセック監修(2015)『PROG白書2015』(学事出版)をもとに作成。

この「大卒新卒者の選考基準」は結果としてではあるが、スーパーの「職業適合性理論」と近しいものになっている。こうした調査・分析をふまえ、次のようにコンピテンシーの構成要素を整理している(**表2-3**を参照)。

さて、以上、我々が整理する「ジェネリックスキル」について概説してきたが、実はこうした捉え方が、高大接続教育改革の中で唱えられていることと親和性が高いことを示しておこう。

表 2-3　コンピテンシーの構成要素

大分類	中分類 要素名	中分類 定義	小分類 要素名	小分類 定義
対人基礎力	親和力	相手の立場に立ち、思いやりを持ち、共感的に接することができる。また多様な価値観を柔軟に受け入れることができる	親しみやすさ	話しかけやすい雰囲気をつくる
			気配り	相手の立場に立って思いやる
			対人興味 共感・受容	人に興味を持つ。共感し受けとめる
			多様性理解	多様な価値観を受け入れる
			人脈形成	有効な人間関係を築き、継続する
			信頼構築	他者を信頼する、他者から信頼される
	協働力	お互いの役割を理解し、情報共有しながら連携してチーム活動をすることができる。また、特には自分の役割外のことでも進んで助けることができる	役割理解 連携行動	自分や周囲の役割を理解し、連携・協力する
			情報共有	一緒に物事を進める人達と情報共有する
			相互支援	互いに力を貸して助け合う
			相談・指導 他者の動機づけ	相談にのる。アドバイスする。やる気にさせる
	統率力	どんな場・どんな相手に対しても臆せず発言でき、自分の考えをわかりやすく伝えることができる。またそのことが議論の活性化につながることを知っており、周囲にもそれをするよう働きかけることができる	話し合う	相手に合わせて、自分の考えを述べる
			意見を主張する	集団の中で自分の意見を主張する
			建設的・創造的な討議	議論の活性化のために自ら働きかける
			意見の調整、交渉、説得	意見を調整し、合意形成をする。交渉、説得する
対自己基礎力	感情制御力	自分の感情や気持ちをつかみ、状況に合わせ言動をコントロールできる。また落ち込んだり、動揺したりした時に、独自で気持ちを立て直すことができる	セルフアウェアネス	感情や気持ちを認識し、言動を統制する
			ストレルコーピング	悪影響を及ぼすストレスを処理する
			ストレスマネジメント	緊張感やプレッシャーを力に変える
	自信創出力	他者と自分の違いを認め、自分の強みを認識することができる。また、「やればなんとかなる。自分がやるなら大丈夫」と自分を信頼し、奮い立たせることができる	独自性理解	他者との違いを認め、自己の強みを認識する
			自己効力感 楽観性	自身を持つ。やればできるという確信を持つ
			学習視点 機会による自己変革	学ぶ視点を持つ。経験を自己の変革に活かす
	行動持続力	一度決めたこと、やり始めたことは粘り強く取り組みやり遂げることができる。またそれは自分が自分の意思・判断で行っていることだと納得して取り組むことができる	主体的行動	自分の意志や判断において進んで行動する
			完遂	決めたことを、粘り強く取り組みやり遂げる
			良い行動の習慣化	自分なりのやり方を見出し、習慣化する
対課題基礎力	課題発見力	さまざまな角度から情報を集め、分析し、本質的な問題の全体を捉えることができる。また原因は何なのかを特定し、課題を抽出することができる	情報収集	適切な方法を選択して情報を収集する
			本質理解	事実に基づいて情報を捉え、本質を見極める
			原因追求	課題を分析し、原因を明らかにする
	計画立案力	目標の実現や課題解決に向けての見通しを立てることができる。また、その計画が妥当なものであるか、一貫した関係性があるものかを評価し、ブラッシュアップできる	目標設定	ゴールイメージを明確にし、目標を立てる
			シナリオ構築	目標や課題解決に向けての見通しを立てる
			計画評価	自分の立てた計画を振り返り、見直す
			リスク分析	リスクを想定し、事前に対策を講じる
	実践力	幅広い視点からリスクを想定し、事前に対策を講じる。また、得られた結果に対しても検証し、次回の改善につなげることができる	実践行動	自ら物事にとりかかる、実行に移す
			修正・調整	状況を見て、計画や行動を柔軟に変更する
			検証・改善	結果を検証し、次の改善につなげる

河合塾・リアセック監修(2015)『PROG白書2015』(学事出版)をもとに作成。

(3) 学力の3要素とジェネリックスキル

「学力とは何か」という問いに対して、識者はさまざまな回答を示しており、それぞれ一長一短があるので、ここでは平成19年に改正された「学校教育法　第30条第2項」で示された「学力の3要素」に即して話を進めていきたい。

学校教育法で定められた「学力の3要素」とは、次の3つのことである。

(1) 基礎的・基本的な知識・技能
(2) 知識・技能を活用して課題を解決するために必要な思考力・判断力・表現力等
(3) 主体的に学習に取り組む態度

簡潔に表現されており、たしかに、その意義は十分に理解可能なものであろう。しかし、ことさら学力には3つの要素があることを述べているのは、いままでの日本の教育は「知識・技能」の習得に力点を置き、思考力・判断

学校教育で育むべき学力	高等学校教育で育むべき学力
①基礎的・基本的な**知識・技能** ②知識・技能を活用して課題を解決するために必要な**思考力・判断力・表現力** 　　リテラシー ③**主体的に学習に取り組む態度** 　　コンピテンシー 平成19年改正　学校教育法　第30条第2項	①これからの時代に社会で生きていくために必要な、「主体性を持って多様な人々と協働して学ぶ態度（**主体性・多様性・協働性**）」 ②その基盤となる「知識・技能を活用して、自ら課題を発見しその解決に向けて探究し、成果等を表現するために必要な**思考力・判断力・表現力等**の能力」 ③その基礎となる「**知識・技能**」 平成26年12月　中教審答申 新しい時代にふさわしい高大接続の実現に向けた高等学校教育、大学教育、大学入学者選抜の一体的改革について

図2-11　学力の3要素

力・表現力や学習に取り組む態度を軽視してきた風潮を戒める意味があるのではないか。とくに昨今の高大接続教育改革においては、学力の3要素をバランス良く育成することが求められている（**図2-11**を参照）。

　ここで注意を促しておきたいのは、学力の3要素の(2)と(3)は、我々の言うジェネリックスキルのリテラシーとコンピテンシーにほぼ重なる概念だということである。

　「(2)知識・技能を活用して課題を解決するために必要な思考力・判断力・表現力等」はまさにリテラシーの「知識を活用して問題を解決する力」という定義と重なっている。そこで述べられている「思考力」は「情報分析力」に、「判断力」は「情報分析力」の一部と「構想力」に、「表現力」はそのまま「表現力」に対応している。むしろ、ここで言われている「思考力・判断力・表現力」は、問題解決のプロセスに即して6つの力として捉えている我々のリテラシーの概念にすっぽり収まるものであると言える。

　また、「(3)主体的に学習に取り組む態度」には、我々れの言うコンピテンシーの内容に含まれており、さらに高大接続教育改革の中では、これからの時代に社会で生きていくために必要な「主体性を持って多様な人々と協働して学ぶ態度」として挙げられている「主体性・多様性・協働性」は、我々の整理する「対自己基礎力」「対人基礎力」の概念の一部を構成している。先述のようにコンピテンシーの概念が実際の社会で求められている能力から抽出されているのに比べ、小・中・高校の児童・生徒の発達段階を念頭に置いた能力定義として、より限定されたものになっていると言えよう。

　さらに、高大接続教育改革と連動した「大学入試改革」においても、新しいテストのあり方が学力の3要素に即して整理されている（**表2-4**を参照）。

　基本的な知識・技能は主に「高等学校基礎学力テスト（仮）」で測定し、思考力・判断力・表現力は主に「大学入学希望者学力評価テスト（仮）」で測定・評価し、主体性・多様性・協働性は各大学の実施する「個別入学者選抜」で評価することとされている。実際には、テストの技術的な問題が山積しており、当初の想定通りには進まないのではないかという観測もできよう。しか

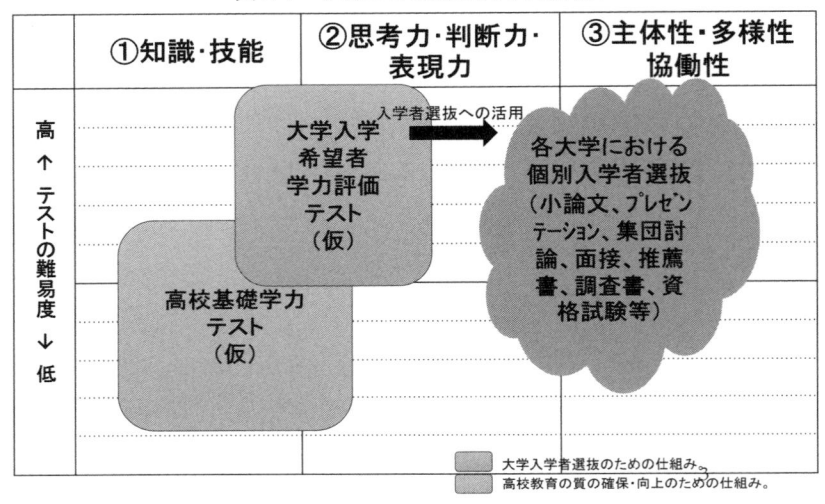

表 2-4 学力の 3 要素と大学入試改革

	①知識・技能	②思考力・判断力・表現力	③主体性・多様性・協働性
高 ↑ テストの難易度 ↓ 低		大学入学希望者学力評価テスト（仮） →入学者選抜への活用	各大学における個別入学者選抜（小論文、プレゼンテーション、集団討論、面接、推薦書、調査書、資格試験等）
	高校基礎学力テスト（仮）		

　大学入学者選抜のための仕組み。
　高校教育の質の確保・向上のための仕組み。

し、大学入試改革だけに着目すると本質を見落とすことになる。あくまでも高校・大学における教育のあり方が問題なのだ（**図2-12**を参照）。

表2-5　学力3要素と授業形式の整理

学力の三要素	講義	ALBI
①基盤となる知識・技能	◎	◎
②知識・技能を活用して、自ら課題を発見しその解決に向けて探究し、成果などを表現するために必要な思考力・判断力・表現力などの能力	○	◎
③主体性をもって多様な人々と協同して学ぶ態度（主体性・多様性・協働性）	－	◎

◎：対応できる　○：部分的に対応できる　－：対応できない

[図：高校（アクティブラーニングへの飛躍的充実を図る：平成34年度より年次進行で導入される次期学習指導要領改訂の諮問文にも「アクティブ・ラーニングの充実」が掲載。現在検討中）／入試（学力の三要素「知識・技能」「思考力・判断力・表現力」「主体性・多様性・協働性」を踏まえた多面的・総合的な選抜方法を推進）／大学（アクティブラーニングへと質的に転換：「大学教育再生加速プログラム」にてアクティブ・ラーニングの導入を推進（平成26年度以降順次実施中））］

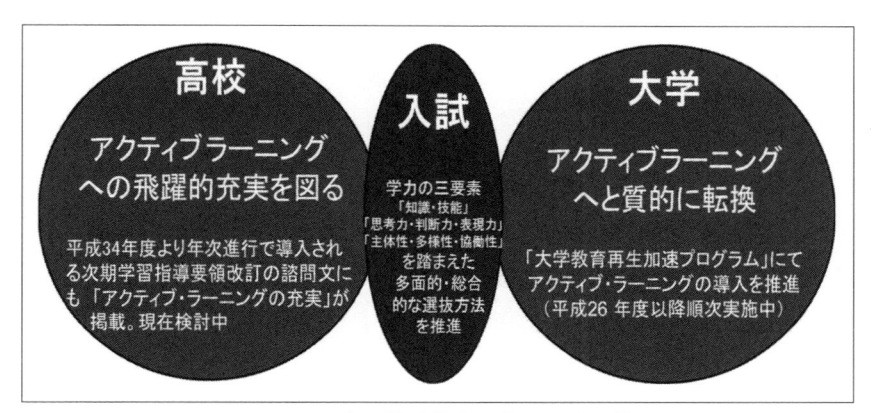

図 2-12　高大接続教育改革と入試改革

(4) 学力の3要素・ジェネリックスキルの育成とアクティブラーニング

　さて、こうした学力の3要素をバランスよく育成するためにはどうしたらいいのだろうか。「主体性・多様性・協働性」の育成については、課外活動を含めた総体的な視点での育成が必要になることは明らかであり、加えて生徒・学生が大半の時間を過ごす「授業」の中でいかに育成するのかということも避けて通れない課題である。知識の習得ならば、ワンウェイの講義形式の授業であっても身についていたかもしれない。しかし、思考力・判断力・表現力や主体性・多様性・協働性についてはどうであろうか？

　我々は学力の3要素と講義形式の授業とアクティブラーニング型の授業（ALBI）を比較し、簡便に整理してみた（**表2-5**を参照）。

　こうしてみると、知識・技能の育成においては講義形式の授業で対応できることがあっても、思考力・判断力・表現力（リテラシー）や主体性・多様性・協働性（コンピテンシー）の育成、つまりジェネリックスキルの育成には生徒・学生のアクティブラーニング、およびそれを支えるアクティブラーニング型授業は不可欠であるということになるだろう。1章では溝上の立論に即してアクティブラーニングの意義を論じてきたが、我々の定義するジェネリックスキルや学校教育法で規定された学力の3要素に注目しても、アク

ティブラーニングの意義は十二分に確認できよう。残された課題は、そうしたジェネリックスキルや学力の3要素を可視化させ、どのように育成するかということになる。次節では可視化されたエビデンスに基づく教育改革について概観したい。

第3節　エビデンスに基づく教育改革

(1) 実りある議論のために

　まずは筆者の体験から紹介させていただこう。ある高校の教師研修を担当した際の出来事である。自校で研修会は開くものの、教師同士が自説を述べ合うだけで話がかみ合わない、なんとかしてほしいというご依頼であった。参加させていただいたのは国語の部会であったが、お話を伺っていると中高一貫教育ではあるが6年間を貫くカリキュラムの設計がないことがわかった。先生方はご自身の暗黙知化された教育信念（ビリーフス）を述べられおり、個々人は誠実に教育に向き合われていた。「地獄への道は善意で敷き詰められている」と言ったのは誰の言葉か思い出せなかったが、熱心な先生方の「空中戦」を拝聴している私の脳裡をその言葉がぐるぐると駆け回っていた。

　6回の猶予をいただいていたので、2回目では、各々の教師のビリーフスを顕在化させ、お互いが大切にしていることを相対化するワークを行った。我々が大学教師を対象に用いている「チェック＆シェア」という方法を応用したものである（「チェック＆シェア」については、成田秀夫・大島弥生・中村博幸（2014）『21世紀を生きる大学生の日本語リテラシーを育む』（ひつじ書房）を参照していただきたい）。その結果明らかになったのは、文学的な素養を大切にする傾向の教師と識字や読解力を大切にする傾向の教師とに分かれていたということである。そのことが明らかになると、先生方は即座に軌道修正することができた。そして中高6年のカリキュラムを可視化することから始め、大きな成果を収めることができた。

　この事例は、数値化されたエビデンスに基づくものではないが、暗黙知化

された信念や指導内容が教育現場に混乱をもたらす原因になり得ることを示している。ましてや1つの学校の枠を超えた全体の教育改革なり改善なりについて云々する際には、共通化されないまでも、信念や内容の共有化は不可欠であろう。エビデンスに基づいて議論することは、議論を生産的な方向へ導く条件になるだろう。次項では、アクティブラーニングの推進という観点から、エビデンス(証拠)に基づいた教育改革について事例を紹介することにしたい。

(2) 2つのトランジション調査が示すもの

　まずは2つのトランジション調査の結果を紹介したい。1つ目は京都大学高等教育研究開発推進センターと公益財団法人電通育英会とが2007年より実施している「大学生のキャリア意識調査」であり、2つ目は京都大学高等教育研究開発推進センターと河合塾教育研究開発本部とが2012から実施している「学校と社会をつなぐ調査」(通称「10年トランジション調査」)である。前者の結果は、中原淳・溝上慎一(編)2014『活躍する組織人の探究―変容する能力・アイデンティティの教育―』(ナカニシヤ出版)で、後者の中間結果は、溝上慎一責任編集(2015)『どんな高校生が大学、社会で成長するか「学校と社会をつなぐ調査」からわかった伸びる高校生のタイプ』(学事出版)で、それぞれ詳しく述べられているので、ここでは結論だけを簡潔に示しておくことにしたい。

　「大学生のキャリア意識調査」では、大学が教育改革をいくら進めても、主体的に学ぶ力、豊かな人間関係や活動性、高いキャリア意識を持たない学生は十分に成長できないということを示唆する結果が得られた。逆に言えば、成長する学生には次の3つの特徴があると言える。

・豊富な教室外学習
・良好な対人関係の構築、積極的な課外活動への参加
・明確なキャリア意識

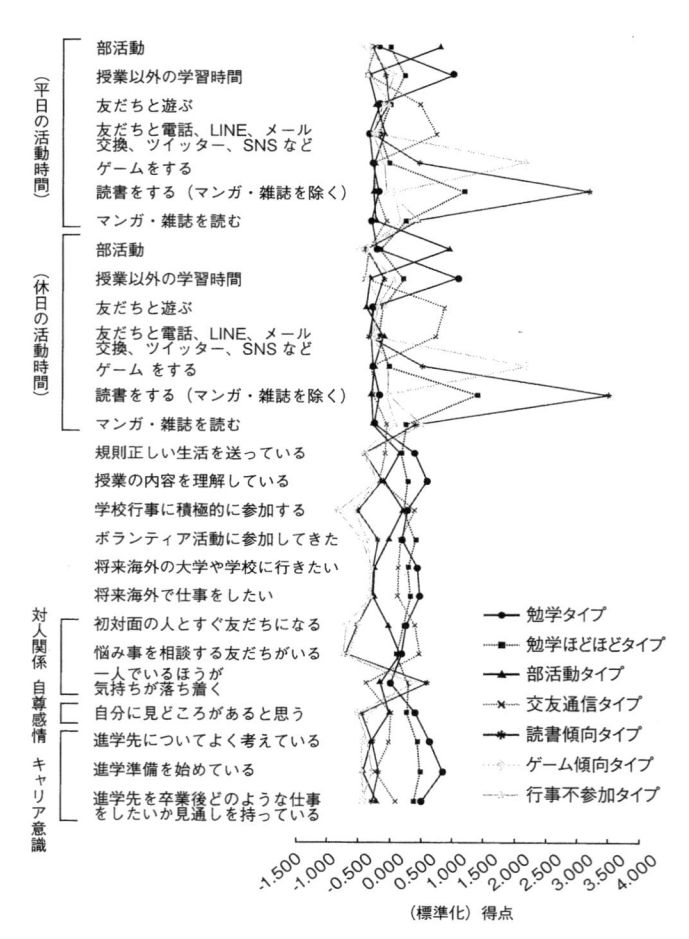

図2-13　10年トランジション調査から見えてきた高校生の7つのタイプ
溝上慎一責任編集(2015)『どんな高校生が大学、社会で成長するのか』(学事出版)をもとに作成。

　こうした傾向は、2012年にビジネスパーソン3,000人を対象にした振り返り調査からも認められた。
　こうした現状をふまえ、溝上は、キャリア意識というと、大学関係者の多くはまだまだ就職とつなげる程度でしか理解していないし、それが学習にお

表2-6　7つのタイプの説明と割合

高校生タイプ	男子	女子	全体
1．勉学タイプ（授業外学習時間が顕著）	22.5	27.9	25.1
2．勉学そこそこタイプ（授業外学習も多いが、そこそこ他の活動もしている）	7.7	7.8	7.8
3．部活動タイプ（部活動時間が顕著）	28.9	26.0	27.3
4．交友通信タイプ（友達と遊ぶ、電話、メール、SNSなどの時間が顕著）	9.7	22.0	16.1
5．読書傾向タイプ（マンガ、雑誌以外の読書時間が顕著）	3.0	1.5	2.2
6．ゲーム傾向タイプ（1人でゲームをする時間が顕著）	12.7	2.1	7.3
7．行事不参加タイプ（上記の活動だけでなく、学校行事にも参加しない）	15.5	12.6	14.1

＊全体には性を答えたくないと回答した者を含む
溝上慎一責任編集（2015）『どんな高校生が大学、社会で成長するのか』（学事出版）をもとに作成。

よぼす影響力は過小評価されていると述べている（溝上・畑野、2013）。

　しかし、「大学生のキャリア意識調査」においては、よく学んで成長する者のキャリア意識は高いというという結果が出ている。また、学習が単なる知識習得型からアクティブラーニング型へと拡張する中で、コミュニケーション能力の弱い学生が、学びからこぼれ落ちてしまう可能性があることも推測されるようになってきた。ここで言う「学び」とは、教室内での知識習得型学習にとどまることなく、「教室外学習」「対人関係・課外活動」「キャリア意識」へと拡張されたものである。

　そして同時に、こうした学習への態度は、大学生になって変容しにくいものであり、高校までの学びの中で形成されているのではないかという仮説を検証するために、2つ目の「10年トランジション調査」が実施されたわけである。

　「10年トランジション調査」では、高校生を7つのタイプに類別できることができた（図2-13）。その内、将来の見通しをもって勉学に励んでいる「勉学タイプ」の高校生は全体の25％に過ぎなかったのである（表2-6を参照）。

　高校生の7つのタイプが実際に大学生となってどのように学んでいるのかという実像は、2時点目の調査結果を待たないと軽々に結論は出せないが、「大学生のキャリア意識調査」の結果と合わせると意義深い結果であると言え

るだろう。詳しい結果については前掲書をぜひ一読していただきたい。

(3) PROG（プログ）が示すもの

さて、もう一つ我々が開発したジェネリックスキルを測定するPROGのテストから見えてきたことを簡単に紹介したい。

PROGとはProgress Report on Generic Skillsの頭文字を取ったもので、通称「プログ」と呼ばれている。PROGはジェネリックスキルを育成するプログラムと、ジェネリックスキルを測定するテストからなっている。PROGは2015年現在、大学生を対象に年間10余万人が受験しており、2012年のリリース以来、通算で30万人近いデータが蓄積されている。PROGの詳しい説明は、河合塾・リアセック監修(2015)『PROG白書2015』(学事出版)を参照していただきたい。ここではその概要だけを示すことにする。

従来、ジェネリックスキルの評価は学生自身の自己評価によるものが中心であった。ある授業や活動を通してどれだけ能力が身についたのか学生自身が振り返ることは、学生の成長を促すために多いに役立つ評価方法である。しかしたとえば、インターンシップを終えて社会の厳しさを知った学生については自己評価が下がることが知られている。実際には学生の力が上がっていても、自分を見る評価基準が上がったために自己評価が下がるということである。教育の成果としては歓迎すべきことではあるが、他の学生と相互の比較しようとする際には一筋縄ではいかないことになる。

そこでPROGは、客観的な基準を持って学生のジェネリックスキルを測定し、その評価結果から「アクションプラン」を作成し、さらにはジェネリックスキル向上までを支援する総合的な育成フォローを目指して開発された。また、産業界と教育界をつなぎ、人材育成に関するメソッドや言語を共通化して、一体的な取り組みの流れを作ろうというがPROG開発の背景となっている。

PROGでは、前述のように、ジェネリックスキルをリテラシーとコンピテンシーの2領域から測定している。PROGの示す結果からは、リテラシーとコンピテンシーには相関がないことがわかっている。つまり、リテラシー

表2-7 PROGのリテラシーとコンピテンシーの相関

		リテラシー				コンピテンシー								
		情報収集力	情報分析力	課題発見力	構想力	親和力	協働力	統率力	感情制御力	自信創出力	行動持続力	課題発見力	計画立案力	実践力
リテラシー	情報収集力	1.00												
	情報分析力	0.28	1.00											
	課題発見力	0.25	0.30	1.00										
	構想力	0.22	0.24	0.27	1.00									
コンピテンシー	親和力	-0.09	-0.11	-0.09	-0.08	1.00								
	協働力	-0.07	-0.08	-0.06	-0.06	0.65	1.00							
	統率力	-0.03	0.01	-0.04	-0.04	0.40	0.53	1.00						
	感情制御力	-0.02	0.00	-0.02	-0.02	0.37	0.40	0.51	1.00					
	自信創出力	-0.01	0.02	-0.01	-0.01	0.44	0.49	0.51	0.56	1.00				
	行動持続力	-0.06	-0.05	-0.07	-0.05	0.47	0.52	0.55	0.51	0.56	1.00			
	課題発見力	0.09	0.14	0.09	0.07	0.21	0.21	0.32	0.32	0.34	0.29	1.00		
	計画立案力	0.01	0.02	-0.01	0.00	0.12	0.06	0.12	0.12	0.08	0.08	0.46	1.00	
	実践力	0.04	0.03	0.04	0.04	0.20	0.19	0.17	0.20	0.19	0.19	0.43	0.50	1.00

河合塾・リアセック監修（2015）『PROG白書2015』（学事出版）をもとに作成。

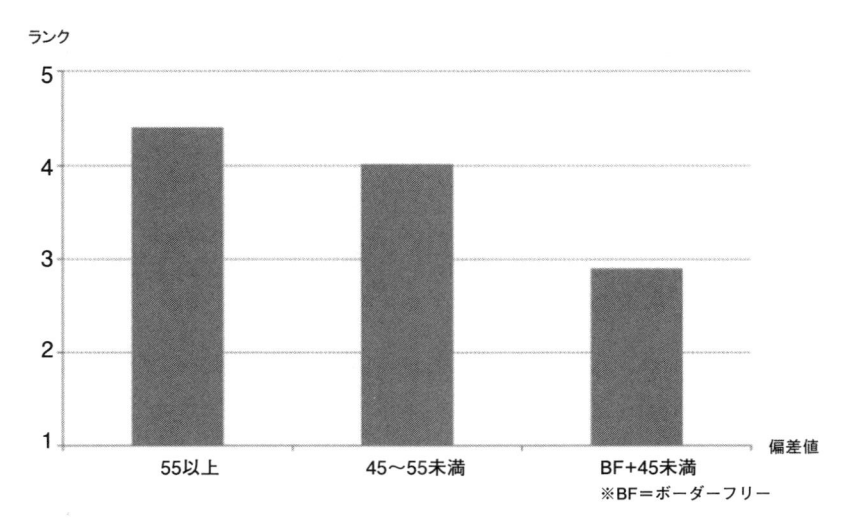

図2-14 PROGのリテラシー（総合）と大学入試難易度

河合塾・リアセック監修（2015）『PROG白書2015』（学事出版）をもとに作成。

とコンピテンシーは両輪のようなものであり、それぞれについて育成する必要があるということである(表2-7を参照)。

さらに、リテラシーは知的コンピテンスでもあるため、大学の入試難易度と同傾向を示すことがわかっている(図2-14を参照)。

一方、コンピテンシーは大学の入試難易度とは相関していない。上位大学であっても社会性に乏しくコンピテンシーの低い学生がいれば、下位大学でもコンピテンシーの高い学生は確実に存在しているのである。つまり、

表2-8　早期内定者と非内定者のPROGスコア比較

	①早期内定者(214名)	②非内定者(261名)	①−②	有意確率
リテラシー総合	3.30	2.92	0.38	0.00
情報収集力	2.13	2.04	0.09	0.48
情報分析力	2.27	2.07	0.21	0.10
課題発見力	2.96	2.64	0.31	0.02
構想力	3.37	2.92	0.45	0.00
コンピテンシー総合	3.58	3.29	0.29	0.05
対人基礎力	3.87	3.60	0.26	0.09
対自己基礎力	3.87	3.52	0.34	0.02
対課題基礎力	3.46	3.37	0.09	0.53
親和力	4.09	3.89	0.20	0.24
協働力	3.93	3.68	0.25	0.12
統率力	3.44	3.28	0.16	0.28
感情制御力	3.70	3.49	0.21	0.18
自信創出力	3.85	3.37	0.48	0.00
行動持続力	3.86	3.66	0.20	0.18
課題発見力	3.40	3.33	0.07	0.65
計画立案力	3.39	3.36	0.03	0.86
実践力	3.67	3.48	0.19	0.17

※早期内定者：4年生のの5月までに(内)内定を得た学生

河合塾・リアセック監修(2015)『PROG白書2015』(学事出版)をもとに作成。

PROGのコンピテンシーは教科の知識をベースとした受験学力とは異なる能力を測定していることになる。今まで教科学力でしか評価されてこなかった学生が、別の角度から大いに評価され得るのだ。前述の学力の3要素との関係で言えば、いままでは知識・技能を中心とした評価で大学入学者選抜が行われていたが、PROGの示唆するところによれば、主体性・多様性・協働性と関わるコンピテンシーによる新たな選抜の可能性が開かれていることになる。

また、PROGのスコアと就職内定との関係も明らかになっている(表2-8を参照)。

このデータは、関東のある私立大学において、早期内定者(4年次5月時点)と非内定者を、3年次のPROGスコアで比較したものである。統計的に有意なものは限られるが、いずれの尺度とも早期内定者の方が高くなっているのがわかる。

ところで、PROGのデータからは、学生を7つのタイプに分けることができた。各タイプについて紹介する前に、まずタイプ別分類を行うことの意味について触れておきたい。

第一に個人のジェネリックスキルのありようを、よりトータルに理解するためである。この10万人のデータ分析を通じて、相関性の高い能力要素、あるいは相関性のあまりない能力要素が浮かび上がってきているが、個々の能力要素をバラバラに理解するだけではなく、他の能力要素との関連がどのようになっているのかを7つのタイプに類型化することで、より立体的な把握が可能となってくる。

したがって第二に、タイプ別分類によって大学側にとって組織的な育成方針やプログラムの策定に資することができるようになる。この7つのタイプ別分類は、現状では、そのまま個々の学生にフィードバックしても、あまり意味はないと思われるが、「この学部・学科にはこのタイプの学生が多いから、このような育成をしよう」というような、プログラム改善や育成指針に資することが可能となる。

①オールマイティタイプ：リテラシーもコンピテンシーも軒並み高く、コ

ンピテンシーでは特に対課題領域が高い。

②優等生タイプ：リテラシーが極めて高く、コンピテンシーも親和力を筆頭に平均的に高いが、対課題領域だけが低く、優秀だが実践に弱いタイプ。

③理屈タイプ：リテラシーが高く、論理的な思考は強いが、対人、対自己のコンピテンシーが低いタイプ。

④リーダータイプ：リテラシーは低いが、コンピテンシーが軒並み突出して高いタイプ。

⑤社交タイプ：リテラシーは平均的だが、対課題領域以外のコンピテンシーは全般に高く、特に対人領域（親和力、協働力、統率力）が高いタイプ。

⑥フォロアータイプ：リテラシーが軒並み低く、コンピテンシーは親和力、協働力が高いが、統率力はさほど高くないタイプ。

⑦内向きタイプ：リテラシーもコンピテンシーも軒並み低く、特にコンピテンシーの対人、対自己領域が低いタイプ。

次の円グラフが、10万人に占める各タイプの比率を示したものである。すべてのタイプが11.1％〜17.7％の間に収まっている（**図2-15**を参照）。

ところで、PROGのデータは大学生個々の特性を可視化することができる。学生との面談に際し、PROGのスコアは有益な材料になるだろう。また、大学で実施している授業やプログラムの評価としても活用できる。学生がどのような活動をすればどのような力がつくのか、可視化されたデータ、エビデン

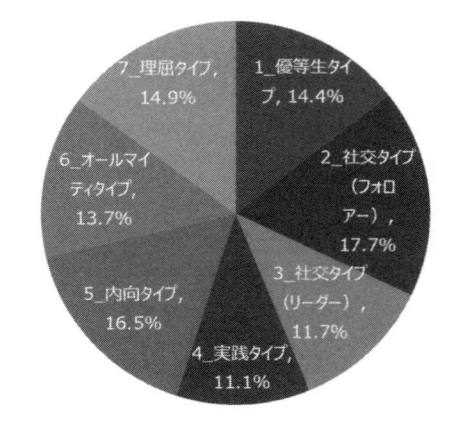

図2-15 ジェネリックスキルの7タイプの割合
河合塾・リアセック監修（2015）『PROG白書2015』（学事出版）をもとに作成。

スに基づいた教育改善が可能になる。

　ちなみに、個別大学のスコアを公開することはできないが、ある大学がインターンシップやPBL、部活をはじめとした課外活動をPROGで検証したことがあった。一番コンピテンシーが高かったのはサッカー部であった。ここでは解釈は差し挟まないが、ある種のスポーツがジェネリックスキルの育成に大いに寄与しているのではないかという仮説は検証する意義があるだろう。

　さて、このようにデータやエビデンスを示すことは、アクティブラーニングを推進する際に力強い援軍になるだろう。この章の最後で、アクティブラーニングを推進する方途について考えてみたい。

第4節　アクティブラーニングを推進するために

　すでに何度も述べてきたように、アクティブラーニングは若者が社会の中でタフに活躍できるようになることを目指している。そのためには、教育界と社会、とりわけ産業界が「共通言語」を持ち、若者を育成することが求められる。「社会人基礎力」は教育界と社会をつなぐ「共通言語」を目指そうという意図があった。残念ながら「学士力」はそうした意図が弱いように思われる。

　それはさておき、日本においては、アクティブラーニングは大学教育の中で広がりを見せていたが、しばらく高校では話題にならなかった。しかし、潮目が変わったのは2014年に「高大接続教育改革」に関する諮問が出されたときである。高校教師を対象にした河合塾のセミナーでは、全国のどの会場でもすぐに締切りが出るほどの活況を呈している。大学から降ってきたアクティブラーニングではあったが、大学入試改革を内包した高大接続の教育改革の中では中心になりつつあると言えよう。

(1) アクティブラーニングの広がりと河合塾の「大学アクティブラーニング調査」

　さて、アクティブラーニングが大学で広がった要因として、手前みそには

なるが、河合塾が行ってきた「大学のアクティブラーニング調査」を挙げることができる。この調査は、河合塾が独自に行っているものであるが、調査項目の設計については溝上慎一のアドバイスを仰いでいる。初期の調査では、溝上自身が大学訪問に立ち会うこともあった。詳しい内容は書籍が出ているのでそちらに譲ることにするが(河合塾, 2011, 2013, 2014)、ここでは文・理で大きく差がついているものだけを紹介しよう(図2-16を参照)。

調査項目は、グループ学習、ディベート、学外でのフィールドワークなどの活動をしているか、プレゼンテーションの実施やレポートの提出などをさせているか、授業の振り返りや授業外学習をどのくらいさせているか、ゼミでの学びに連続性はあるかなど、4年間で学生が学びの中でどのような活動をしているかを調査したものである。

その結果、図2-16の四角で囲んだ項目では、文系と理系で差がついている。工学部の機械系学科や電気・電子系学科では、他者と連携して実験や作業を

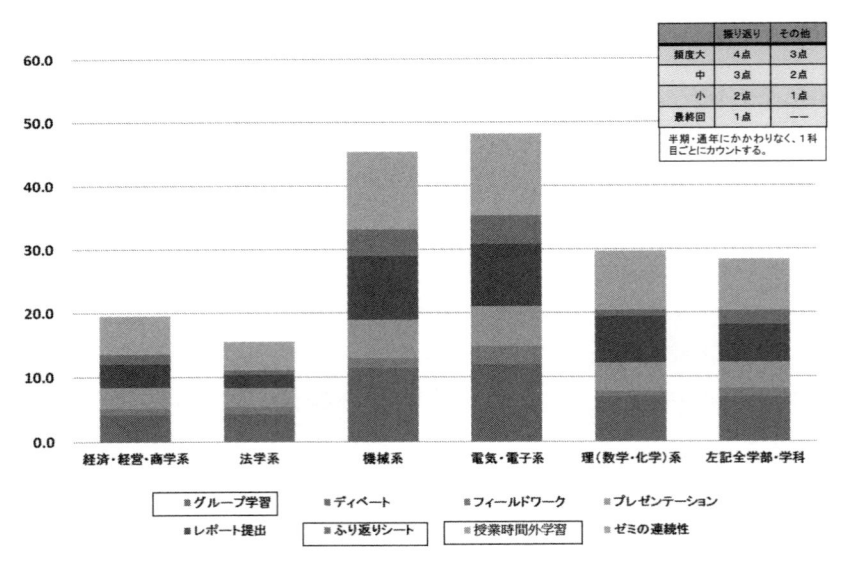

図2-16 文理で大きく差がついたもの

河合塾編著(2011)『アクティブラーニングでなぜ学生が成長するのか』(東信堂)をもとに作成。

するためか、積極的に取り組まれている。一般に文系科目の方が低調であった。

では、ワンウェイの講義形式の授業からアクティブラーニング型授業へ切り替えるためには、あるいは講義の中にアクティブラーナーの要素を取り入れるにはどうしたらいいのかについて次項で考えてみたい。

(2) アクティブラーニング型授業のモデル化

授業改善という観点から、アクティブラーニングを捉え返すと、いかに授業の中で生徒・学生の「書く」「話す」「発表する」という活動の機会を増やすかということになる。それも活動のための活動ではなく、生徒・学生が自らの認知プロセスを外化し、自らの学びを振り返りつつ、深い学びへとつながる活動を促すのかということになる。

高校や大学の教師を対象とした研修会では、しばしば具体的な事例を示すことを依頼される。もちろん、具体的な事例の方が直感的に理解しやすい面もあるが、生徒・学生も違えば、教える内容も異なり、具体例をそのまま教師自身の授業に活かせない場合が多い。といって、抽象的な概念を演繹してすぐに自分の授業を改善できることも少ない。それに対して、授業の目的に則して雛形となるモデルを作り、それを自分の授業の中でカスタマイズする方法は比較的取り組みやすいようである。

高等学校におけるアクティブラーニング型授業のモデルは、学習指導要領で示されている「知識の習得」「知識の活用」「探究的活動」の3つに整理することができる。これらのモデルについては、小林昭文・成田秀夫(2015)『今日から始めるアクティブラーニング　高校授業における導入・実践・協働の手引き』(学事出版)で整理しているので、詳しい内容はそちらで参照してほしい。

また、大学におけるアクティブラーニング型授業のモデルは、河合塾の「大学のアクティブラーニング調査」の際に示されているように、専門の知識の定着を目的とした「一般的なアクティブラーニング科目」、課題解決を目的とした「高次のアクティブラーニング」として整理することができる。この点については河合塾編著(2011)『アクティブラーニングでなぜ学生が成長する

のか』(東信堂)に詳しい説明があるので参照してほしい。

ここでは高校での3つのモデルと大学での2つのモデルの関係について整理しておきたい(表2-9を参照)。

知識の「習得」について説明は不要であろうが、「活用」については少し説明が必要である。2002年(平成14年)に改訂された「学習指導要領」では、「総合学習」が登場し、知識の習得と探究のサイクルを行き来することになっていた。しかし、知識の習得からいきなり探究へと向かうにはハードルが高かったため、うまくサイクルが回らなかった。そこで2011年(平成23年)に改訂された現行の「学習指導要領」では、知識の習得と探究をつなぐ働きとして「活用」という考え方が導入された。ここには指導要領の取りまとめをしていた安彦忠彦の考え方が反映されている。その経緯について安彦(2014)は『「コンピテンシー・ベース」を超える授業づくり』(図書文化社)の中で語っている。安彦はその中で「活用」を「活用Ⅰ」「活用Ⅱ」に分けて捉えることを提唱している。安彦によれば、活用Ⅰは活用すべき知識を教師が選んで活用させるものであり、活用Ⅱは知識を習得した文脈とは異なる文脈での活用を想定している(図2-16を参照)。

表2-9　高校と大学のアクティブラーニング型授業(ALBI)の類型

高等学校でのALBI	大学でのALBI
知識習得モデル ・教科の知識習得を目的とする ・生徒どうしの学び合いによる理解の最大化を目指す	一般的なアクティブラーニング科目 ・講義で伝達された知識を活用しながら知識の定着を目指す
知識活用モデル ・活用Ⅰタイプ：教科学習の中で学習した知識を同様の文脈の中で活用させる	
・活用Ⅱタイプ：既習の知識を学習した文脈とは異なる文脈で活用させる	高次のアクティブラーニング科目 ・既有の知識を活用しながら、与えられた課題の解決を目指す(PBLなど) ・自ら定めた問題について探究する(卒論、卒研など)
探究モデル ・生徒自ら興味関心に基づいた問題について探究する	

- ● 活用Ⅰ
  ①教科学習で習得した知識・技能のうち、**活用させておくほうがよいものを、教師が選んで**活用させる。
  ②教師主導でよい。
  ③その知識・技能の活用の文脈は、子どもにはすぐわかるような開けた**既存の文脈**で活用させる。
  ④子ども全員に、**共通に経験**させ、達成させる(経験自体がねらい)。

- ● 活用Ⅱ
  ①教科学習で習得した知識・技能を活用する。
  ②教師と子どもとが、半々に関わるもの(**半誘導的**なもの)(←総合的な学習の場合は、全て自発的なもの)。
  ③その活用の基礎にある**文脈自体も子どもにはまったく新しいもの。**
  ④個々の子どもによって、**達成度は異なっても良い**もの。

- ● 探究
  ①どんな知識・技能を活用するか、本人しか分からない。
  ②**子ども自身**が決めて活用するもの。
  ③子どもも、**新しい文脈**でその知識・技能を活用する。
  ④個々の子どもによって、何を活用しているかは別々でよい(経験ではなく、その**結果の達成度**が求められる)。

図 2-16　安彦による習得・活用・探究の整理
安彦忠彦(2014)『「コンピテンシー・ベース」を超える授業づくり』(図書文化社)をもとに作成。

　こうした安彦の整理に即して、河合塾で分類した大学でのアクティブラーニング型授業を捉え直すと、「一般的なアクティブラーニング科目」が「知識の習得」と「活用Ⅰ」に、「高次のアクティブラーニング」が「活用Ⅱ」と「探究」に相当することが理解できよう。

　高校でのアクティブラーニング型授業の分類と大学でのそれは、まったく異なった文脈でなされたものであったが、それらのモデルで何を目指すのかという観点から整理すると見事に符合することとなった。高大接続の教育改革で求められている学びのスタイルは、ここでも接続していることになる。

　さて、モデルに即した具体的な授業改善については、3章以降に譲ること

> 第4巻の「習得から活用・探究へ」と題する第4章(安彦忠彦)では、習得・探究の間に活用が組み込まれる議論の経緯を紹介しています。また、活用Ⅰ・Ⅱの分別も提唱しています。
>
> 各巻との関連づけ

(3) 実践と理論の往還——三宅なほみの問題提起

　教育は、システムであり同時に人であり、また実践でもあり同時に理論でもあり、それらを往還することで深まるものである。このことを最も鮮明な形で示した一人が、故三宅なほみではないだろうか。

　三宅なほみの足跡については、白水・齋藤(2015)「三宅なほみ研究史；すぐそこにある夢」に詳しく記されている。氏の研究と生き様を俯瞰し業績を知るには本稿を置いてないだろう。三宅なほみの愛弟子である白水始によれば、「三宅なほみ氏ほど認知科学が『好き』で、その可能性を信じ込み続けた人は少ない」(同書)。少し長くなるが白水の言を引用しよう。

> 　三宅氏の研究の根底には一貫して「認知科学をみんなのものにしたい」という強烈な願いがあった。その主眼は常に，現実の生活場面で生きる一人ひとりが自らの認知過程の質を上げ、それを「認知科学」するための理論と手法とシステム(制度)一式を創り上げる所にあった。その意味で、氏にとっては学習科学も、理論やそれに基づいた授業法や教材を普及させるアウトリーチではなく、「人はいかに学ぶか」という問いに対して一人ひとりが自分なりに納得のいく答えを作る営みを日常化するためのものだった。その一人ひとり違う答えを相互作用させながら、みんなが学び続け、賢くなり続ける——その姿こそが、氏の望む建設的な相互作用であり、認知科学そのものだった。
>
> 　　白水・齋藤(2015)「三宅なほみ研究史；すぐそこにある夢」(日本認知科学学会(2015)「認知科学」)

筆者が三宅なほみと出会ったのは2000年である。以来、氏の理論と実践から多大な恩恵を受けてきた。氏がこの世を去る2週間前、弊塾と進めていた書籍の打合せのために、夫の三宅芳雄氏に付き添われ、車椅子で会議に来られた。我々はその姿から一瞬にして事態を飲み込むことができた。最後まで毅然とそして平穏に生きた氏の姿が瞼に焼きつき、その姿を思うと今でも涙を止めることができない。

　氏が目指したのは、「人はいかに学ぶものか」「人の学びをいかに支援しうるか」といった問いに一人ひとりが自分なりに納得のいく解をつくる営みを日常化することであった。教師や教育行政関係者が一人ひとり、自分の頭で考え、学び合いながら教育実践上の課題に取り組む活動、さらにそこに学習研究者も加わって協働的に活動することで、人の学びとその支援についての現場で使える理論が豊かになっていくことを構想したのである。
　　白水・齋藤(2015)「三宅なほみ研究史；すぐそこにある夢」(日本認知科学学会(2015)「認知科学」)

　「三宅なほみ研究史」のもう一人の筆者である齊藤萌木によれば、2008年から2015年の間、三宅氏は東京大学の大学発教育コンソーシアム推進機構(CoREF)において「認知科学や学習科学をみんなのものにする」ための大胆な教育実践研究を展開していた。
　三宅なほみが提案した「知識構成型ジグソー法」は、児童・生徒に問いを提示し、いくつかの手がかりを分担させて問いの探究に取り組ませることで、多様な児童生徒の間で「建設的相互作用」を引き起こしやすくする授業手法である。建設的相互作用とは、三宅なほみ本人の言によれば次のようなことである。

> 　図式的にいえば、話し手Aが一生懸命自分のアイディアをより良くしようとする学びに従事している間、聞き手BはAのアイディアをBなりに理解してその適用範囲を広げるような学びに従事している。しかもAとBは、時々役割を交代するので、しばらくするとBが解提供者として自分の(最初より適用範囲の広がった)アイディアについてことばにしながら学び直し始めると、それを受け取るAが今度はそのアイディアの適用範囲を広げる方向で学び直す過程が起きる。私自身は、この現象を、「建設的相互作用」と呼んでいる。
>
> CoREF「協調的な学習の仕組み」

　この短い叙述の中に、学習者同士が互いの認知プロセスを外化し、互いにその学びを深めている姿が端的に示されているだろう。

　三宅なほみの追悼ウェブサイト「Naomi Memorial」(webpark 1007, sakura.ne.jp)には大勢の追悼が寄せられている。その中でPHIIP BELLは「会話の中でひとを武装解除する彼女の暖かさ(her disarming warmth in conversation)」が忘れられないとのべている。氏の研究姿勢そのものが人々に武装解除させ、研究のそして実践の前進を促すものであったに違いない。

　最後まで実践と理論を生きた形で往還した三宅なほみ氏の足跡を胸に刻み、この章を閉じることにしたい。

各巻との関連づけ

第1巻の「知識構成型ジグソー法」と題する**第4章(益川弘如)**では、ジグソー法の1つとしての三宅なほみが開発した「知識構成型ジグソー法」を、理論的・実践的に説明しています。

> **まとめ**
> - グローバル化した、変化の激しい「知識基盤社会」の中で、若者が力強く生きていけるよう、教育機関はそれぞれの固有性を踏まえつつ、教育改革に最大限努力する必要がある。
> - その際、教科や専門の知識やスキルの習得と合わせて、「豊富な教室外学習」「良好な対人関係の構築」「積極的な課外活動への参加」を促し、生徒・学生が社会性を持ち、社会で活躍できるジェネリックスキルを身に付けられるように配慮する。
> - また、こうした教育改革を推し進める際には、エビデンスに基づいた議論を行うと同時に、アクティブラーニング型授業の雛形としてのモデルをつくるなどして、実行しやすくする工夫をすることが大切である。

注

1　清水康敬は、バリー・マクゴウの説明を引用して、「能力は英語ではcompetencyが使われるが、competencyは必要最小限の能力を意味してしまう。capacityの用語もあるがこれも意味がしっくりしない。そこで、定義をきちんとすることにして、単語はskillsとした」と報告している。(「教育家庭新聞」http://www.kknews.co.jp/maruti/news/2010/0508_2a.html より)

文献

中央教育審議会(2005).「わが国の高等教育の将来像」中央教育審議会.
文部科学省(2011).『高等学校キャリア教育の手引き』文部科学省.
国立教育政策研究所HP. http://www.nier.go.jp/ HYPERLINK "http://www.nier.go.jp/(2012年7月26"(HYPERLINK "http://www.nier.go.jp/(2012年7月26"2012 HYPERLINK "http://www.nier.go.jp/(2012年7月26"年 HYPERLINK "http://www.nier.go.jp/(2012年7月26"7 HYPERLINK "http://www.nier.go.jp/(2012年7月26"月 HYPERLINK "http://www.nier.go.jp/(2012年7月26"26日閲覧）

ATC21SHP. http://atc21s.org（2015年8月14日閲覧）
経済産業省HP. http://www.meti.go.jp/policy/kisoryoku/kisoryoku_image.pdf（2015年8月14日閲覧）
文部科学省HP. http://www.mext.go.jp/b_menu/shingi/gijyutu/gijyutu4/siryo/attach/1247211.htm（2015年8月14日閲覧）
川嶋太津夫（2011）.「大学におけるジェネリック・スキルの評価」2011年度PROGセミナー配付資料.
厚生労働省（2015）.『新規学校卒業就業者の就職離職状況調査』厚生労働省.
河合塾・リアセック（監修）（2015）.『PROG白書2015』学事出版.
枚郭芙人間力戦略研究会（2013）.「人間力戦略会議報告書」.
中原淳・溝上慎一（編）（2014）.『活躍する組織人の探究―変容する能力・アイデンティティの教育―』ナカニシヤ出版.
溝上慎一（責任編集）、京都大学高等教育研究開発推進センター・河合塾（編著）（2015）.『どんな高校生が大学、社会で成長するのか』学事出版.
河合塾（編著）（2011）.『アクティブラーニングでなぜ学生が成長するのか―経済系・工学系の全国大学調査からみえてきたこと―』東信堂.
安彦忠彦（2014）.『「コンピテンシー・ベース」を超える授業づくり』図書文化社.
白水始・齊藤萌木（2015）.「三宅なほみ研究史」日本認知科学学会『認知科学』22(4), 492-503頁.
Ronald Barnett（1994）. The Limit of Competency, Knowledge, Higher Education and Society, The Society for Research into Higher Education & Open University Press.

●さらに学びたい人に

◉ 溝上慎一・松下佳代編（2014）.『高校・大学から仕事へのトランジション―変容する能力・アイデンティティと教育―』ナカニシヤ出版.
　▶トランジションの観点からアクティブラーニングを理解するための理論書。
◉ 溝上慎一（責任編集）・京都大学高等教育研究開発推進センター／河合塾編（2015）.『どんな高校生が大学、社会で成長するのか―「学校と社会をつなぐ調査」からわかった伸びる高校生のタイプ―』学事出版.
　▶高校生を10年間追跡調査する1時点目の調査報告、伸びる高校生のタイプが明らかに。
◉ 河合塾・リアセック監修・PROG白書プロジェクト編著（2015）.『PROG白書2015～大学生10万人のジェネリックスキルを初公開～』学事出版.
　▶ジェネリックスキルとは何か、その実態を含めて大公開！

◉ 三宅芳雄・三宅なほみ（2014）.『新訂　教育心理学概論』放送大学教育振興会.
　▶人はどのように学ぶか、学習科学をわかりやすく説く画期的入門書。

第3章
アクティブラーニングを推し進めるための5つの課題

第1節　授業改善から教育改革へ

　ここまで、アクティブラーニングとは何か、その意義や背景などについて概説してきた。この章では、生徒・学生のアクティブラーニングを支える教育の抱える課題について概観したい。

(1) 1つの事例から
　アクティブラーニングの課題について語る前に、筆者が経験した1つの事例から紹介したい。大学だけでなく高校でもアクティブラーニングについて関心が高まる中で、高校の教師を対象にした研修を担当する機会が増えてきた。ここで紹介するのは、ある私立高校で行われた教師全員を対象にした研修の事例である。
　研修では、アクティブラーニングについて理解を深め、アクティブラーニング型授業をどのように進めていくかについて、グループに分かれてワークショップを行った。最後の質疑応答の際にある教師が次のような趣旨の質問をした。
　高校生がジェネリックスキルを身につける意義は理解できたし、自分もアクティブラーニング型授業を取り入れていきたいと思っている。しかし、教科としての知識の習得も不可欠であり、自分の授業でコミュニケーション能

力や協働力を育成するには限界がある。いったいどうしたらいいのか。

「ごもっともな質問です」というのが率直な感想である。アクティブラーニング型授業を積極的に取り入れようと考えている教師ほど、この疑問に突き当たることになる。

高校生、大学生は大半の生活時間を授業や学習に費やしているわけだから、通常の授業の中でアクティブラーニングを実践するという流れは当然だろう。しかし、である。生徒・学生は教科の授業以外でも学んでいる。たとえば、部活などの課外活動も有意義な学びの機会であるし、総合学習での探究的活動、あるいは家庭科や情報科などいわゆる五教科の枠を超えた授業の中では、コミュニケーション能力や協働性を育む機会は十二分にあるだろう。

どうやら高校・大学を問わず教師たる者、一国一城の主宜しく、自分の授業の中ですべて完結していると考えているのではないか。いや、たとえそんな考えはなくても、そう思えるほど他の教師と没交渉ではないか。予備校講師などその最たるものであるかもしれないが。

「ごもっともな質問です」につづけて「他教科の先生方と横の連携はありますか？」「自分の教科だけでなく、他の教科の先生方と、カリキュラムの全体像について意見交換されたことはありますか？」と水を向けたところ、「まったくありません」という答えが返ってきた。ここにアクティブラーニング型授業を推し進めていくために、どうしても乗り越えなければならない課題が明示されている。

考えてみよう。いままで、高校でも大学でも、何を教えるのかということが教育の中心であり、どのような力を伸ばすのかという意識はほとんどなかった。カリキュラムやシラバスといえば、教える内容の目録、意地の悪い言い方をすれば教科書の目次のようなものでしかなかった。だから、教師の責務は自分の教科知識を伝達し、学習成果を試験で確認することであった。

しかし、学力の3要素をバランスよく育成するとなると、一人の教師が何を教えたかだけでは済まなくなる。こうした課題をわかりやすいスローガン風に表現すると、次のようになるだろう。

個人の授業改善から、組織としての教育改革へ！

　筆者は日本でのアクティブラーニングは「第2ステージ」に入ったと感じている。いままでは意欲のある一部の教師が個人的にアクティブラーニング型授業を取り入れていた。しかしいまや、学校や機関を挙げて取り組もうとしている。前者を第1ステージとするなら、いまは第2ステージと言うことができよう。そう、個人の取り組みには限界がある。学校を挙げて機関を挙げて取り組んでこそ、生徒・学生のアクティブラーニングを支えられるのだ。真剣に考えられるべき課題は、次の2点である。

1. 個人の授業改善は、学校や機関の教育改革、ひいては高大接続教育改革と連動してはじめて成果が出る。
2. そのために教師は連携し、「自分事」として授業改善、教育改革を推し進める。

　こんなスローガンめいたことを書くことに羞恥を感じないわけではないが、これはまさに筆者が自分に課している課題、自分自身を戒めたものである。我々予備校にとって、社会から退場を命じられるか、次の時代を先駆けるのかという時代の狭間にあって、個人ではなく組織として変貌を遂げることは、まさに「自分」たちの課題なのである。
　さて、本題に戻り、上記の2点について概観しておこう。

(2) 高大接続教育改革とアクティブラーニング
　我々がアクティブラーニングの必要性を認め、大学でのアクティブラーニング調査を始めたとき、まさか高校や大学でこんなに大騒ぎする日が来るとは思っていなかった。我々の問題意識として、文部科学省の考えを先取りしようとか、教育改革を先導しようなどということは微塵もなかった。われわれが大学入試や自前の教育の中で直面していた課題に向き合っていただけで

ある。しかし、課題の同時代性は様々な人々を巻き込み、大きな渦となっている。とすれば、アクティブラーニングに関わる課題は、現在の日本の教育の中で「承認された課題」と言うべきであろう。

　高校、あるいは大学卒業までにどんな力を身につけさせるか、そのために何をどのように教えるかという命題について、2014年11月20日の中央教育審議会「初等中等教育における教育課程の基準等の在り方について」諮問で示された資料は大いに参考になるだろう（図3-1を参照）。

　「何を教えるか」ではなく「何を学ぶか」、「どのように教えるか」ではなく「どのように学ぶか」と主語が生徒になっている点は歓迎したい。後は「アクティブ・ラーニング」の「・」を取ってもらえば言うことはないのであるが。それはさておき、アクティブラーニング＝授業手法／授業改善という狭い捉え方を超え、我々が直面している課題を簡潔に表現している。このイメージがア

図3-1　育成すべき資質・能力を踏まえた教育過程の構造化（イメージ）
中央教育審議会「初等中等教育における教育課程の基準等の在り方について」諮問　資料

クティブラーニングを推し進めようとする人々の間で共有されることを願ってやまない。

> **第4巻**で「**高等学校に降りてきたアクティブ・ラーニング**」（溝上慎一）と題する**第3章**では、中央教育審議会の教育課程企画特別部会から出された『論点整理』（2015年8月26日）をもとに、アクティブラーニングを説明しています。
>
> 各巻との関連づけ

(3) 生徒・学生のアクティブラーニングを支える教師協働

ところで「承認された課題」としてのアクティブラーニングの課題を推し進めるにあたって、教師の協働、学校間や地域との連携、ひいては高校―大学―社会の連携が不可欠になってくる。他の教師と進んで協働し、自ら地域や他の教育機関に出向いて、多様な関係性の中でアクティブラーニングの課題を解決していく。

こう書くと「なんだ、主体性・多様性・協働性を求められていのは教師も同じではないか」ということになろう。筆者は強く実感している。生徒・学生のアクティブラーニングと教師自身のアクティブラーニングとは両輪である。学ばない教師から、生徒・学生は何も学ばない。「唯一解」のない教育現場にあって、「最適解」を探究しながら教育活動を行う。個々の教育現場はみな違う。どこかで成功したモデルを「移植」すれば解決するわけではない。アクティブラーナーとしての教師がはじめてアクティブラーナーとしての生徒・学生と授業という場で「協働」できるのではないか。

教師個々人の「授業改善」をベースとしながらも、学校や機関の「組織開発」へと協働の質を高めていくことはアクティブラーニングを推し進める重要な鍵となるだろう。

「組織開発」は企業の人材開発用語である。教育現場で用いるワードとして唐突な感じがするかもしれない。そこで「組織開発」というワードを用いる趣旨を簡単に説明しておこう。

これは生徒・学生のトランジションとも関連することでもあるが、急速に変化する社会の中で、個人にとっても組織にとっても、「制度」に基づいて変化に対応しようとすることの限界が露呈しているからだ。いくら精緻な制度を構築しても、制度の枠からたくさんのことがこぼれ落ちていく。よりよい制度構築を否定するわけではないが、教育という「制度」をいくらいじっても、課題が解決するとは限らないのである。要は、個人がエージェンシーを発揮して、人と人がつながって、お互いによりよい関係、よりよい環境を築いていくことである。組織にとっても、制度を作れば人々をコントロールできるという時代は終わった。制度によって組織の内的環境をコントロールしているうちに外的環境が激変し、機能不全に陥った組織を我々はいくつとなく目撃してきたことだろうか。

　こうした状況にあって、教育の世界ばかりではなく日本の企業、自治体、その他の組織はいかに変化に対応できる体勢を整えるのかという課題に直面している。その1つの方途として「組織開発」という考え方が提起されている。

　ところで、「組織開発」とは「組織パフォーマンスの向上を目指した組織内プロセスへの介入」であると言われている（「リクルート マネージメン ソリューションズ」HP（2015/8/14閲覧）より、http://www.recruit-ms.co.jp/issue/feature/0000000112/1/）。この「組織内プロセスへの介入」ということが鍵になる。

　従来の発想なら、人事管理は文字通り「人」の管理である。教育機関に置き換えれば、校長や学部長が教師一人ひとりをマネージメントすることになる。しかし、上述したような現代社会にあって、一人ひとりを対象にした「管理」は有効に機能するのだろうか。

　それに対して「組織開発」が着目するのは組織内の活動プロセスであり、そのプロセスにおける人と人との「関係性」や「相互作用」である。「命令」で動かなかった人も、人々の「関係性」を変え、人々の「相互作用」を引き出すことで能動的に活動するようになる。まさに、生徒・学生がアクティブラーニングを通して「建設的相互作用」を引き起こし、学びを深めていくように、教師も

互いの「関係性」を変容させ、「相互」に働きかけ合うなかで「建設的」に行動するのではないか。学びのパラダイム転換は学校組織のパラダイム転換と連動して始めて有効性を持つのではないか。

　生徒・学生が学び、教師が学び、企業人も組織人も学ぶ。一方で構造性、他方で多様性を持ちながらも、それぞれが主体的に学び、協働する。学校—企業—地域—社会—世界がそれぞれ多様性をはらみながらも相互に関係し合い協働する。我々が「組織開発」というワードで教育空間と社会をつなげようとする趣旨はここにある。

　さて、ここまで基本的な考え方を整理してきたので、いよいよ次節ではアクティブラーニングの5つの課題について論じたい。

> **各巻との関連づけ**
> 第4巻の「**大学教育におけるアクティブラーニングとは**」と題する**第2章（溝上慎一）**では、学習を個人的なものから他者や集団を組み込み、協働的なもの、社会的なものへと拡張していく「学習の社会化」を説いています。

第2節　アクティブラーニングを推し進めるための5つの課題

(1) 5つの課題「設計―育成―評価―運営―環境」

　前節で確認したように、アクティブラーニングの推進は、個人から組織へ、1つの教育機関の取り組みから高大接続教育改革へと、そのステージを上げている。こうした現状の中で、生徒・学生のアクティブラーニングを推進するための課題とは次の5つである（図3-2を参照）。

　設計：高校や大学がそれぞれ教育機関として、どのような生徒・学生を育てようとしているのか、そのためにはどのような力をつけさせたらよいのかという「教育目的」なり「育成目標」なりを明示して教育全体を「設計」することである。大学でいえば、どんな学生を入学させるかを示し（アドミッション

第3章 アクティブラーニングを推し進めるための5つの課題

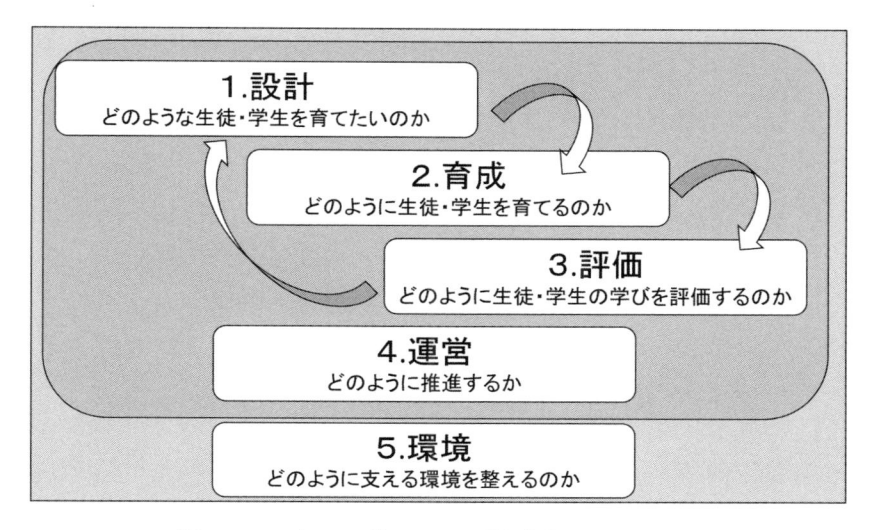

```
1. 設計
  どのような生徒・学生を育てたいのか
    ↓
2. 育成
  どのように生徒・学生を育てるのか
    ↓
3. 評価
  どのように生徒・学生の学びを評価するのか

4. 運営
  どのように推進するか

5. 環境
  どのように支える環境を整えるのか
```

図3-2　アクティブラーニングを支える5つの課題

ポリシー）、どんな力をつけて卒業させるのかという目標を明確にし（ディプロマポリシー）、それを実現するためにどのような教育をするのかを設計する（カリキュラムポリシー）ということである。高校ではまだ、こうした発想に馴染みが少ないかもしれないが、予備校ならまだしも、○○大学に○○人合格を掲げる高校の現状から脱するためには、教育機関としての高校が何のためにあるのか、教育目標を明確にする中でアイデンティティを再検討することが問われてくるだろう。こうした問い直しがないまま、カリキュラムやシラバスをいじったところで小手先の改革に終わることは目に見えている。自分たちが現代社会で本当に必要とされているのかを捉え返すことを通して、高校も大学も予備校も未来を切り開いていく可能性が開かれてくるだろう。

　育成：機関としての教育目標が決まれば、それを実現するためにどのように授業改善をすすめ、生徒・学生をアクティブラーナーとして育てるのかという「育成」が課題となる。アクティブラーニング、あるいはアクティブラーニング型授業について語られる場合、授業改善の一環として語られることが

多いが、何のための授業改善なのか、授業でどのような力を身につけさせるのかという設計と連動した育成論でなければ、たちまち宙に浮いた議論になってしまう。要は教育目的・目標に照らした授業改善である。その際、知識の習得、知識を活用して課題を解決する、自ら問題を探究するという、「習得」「活用」「探究」の視点からモデルを考えることを提案したい。また、授業改善は一人の教師の孤立した課題ではなく、教師が連携して取り組む課題であり、それを円滑に行うための研修のあり方も再検討する余地があるだろう。

　評価：育成を通して当初の目的・目標が実現できているか検証する必要がある。「評価」の大きな課題は、こうした検証にあるが、しかし、評価はこれにとどまらない奥行きを持っている。たとえば、知識の習得が目的であれば、いままで通り多肢選択式の客観テストで十分評価することができる。しかし、生徒・学生の思考力・判断力・表現力の評価は多肢選択式で可能であろうか。さらに、主体性・多様性・協働性はどうであろうか。こうしたペーパーテストで測りにくい力を評価するために、現在「パフォーマンス評価」「ルーブリック」を用いた評価というオルタナティブな評価法が提案されている。ただし、これらにも長短があるため万能な評価方法ではない。そうすると、学力の3要素に即してそれぞれに適した評価方法を探り当て、多面的な評価を試みることが求められよう。その際、肝となるのがカリキュラムやシラバスのデザインであり、授業設計に即して評価全体をデザインすることが大きな課題となる。

　運営：高校なり大学なり教育機関が教育目標を掲げて、そのもとで教師が授業を「設計」し、実際に生徒・学生を「育成」して、それらの成果を「評価」する。いわば、教育におけるPDCA（Plan-Do-Check-Action）サイクルを回すとなれば、とうてい教師一人の責務ではない。教育機関が総体として取り組む課題である。それも上意下達にならず、現場の教師と管理層が連携して取り組むという、組織としての「運営」の手腕が問われることになる。一国一城の主

としての教師という既成観念からどれだけ自由になり、生徒・学生のアクティブラーニングを支える教師集団へと変貌することができるのかが課題となる。その際、教師の役割の変化ということも理解される必要があるだろう。

　環境：最後に「設計―育成―評価―運営」を支える人的、物質的な「環境」の整備も求められよう。蛇足ながら「最後に」というのは叙述の順序であって「後回しにしてよい」ということではないことを急いで付け加えておきたいが、物心両面に渡る環境整備がなければ、兵站経路を途絶され孤立して敗北していった彼の国の軍隊のように、アクティブラーニングを推進しようとする教師の努力も長続きしないだろう。環境整備を生徒・学生の側から捉えると、授業の中でアクティブラーニングを促進するための環境整備、授業外での学びを支える環境整備という2つの側面から整理することができる。とくに、アクティブラーニングの目的の1つが「生徒・学生が自ら学ぶ力を育成する」ということにあれば、それを可能にする環境整備は不可欠であろう。その際には、可能な限りICTを活用することも検討されるべきであろう。

(2) 5つの課題とPDCAサイクル

　アクティブラーニングを推進するための5つの課題を「設計―育成―評価―運営―環境」として整理したが、これらの課題を有機的に関連づけ、継続的に推進するためには、いわゆるPDCAサイクルの中で捉え返してみるとわかりやすい(図3-3を参照)。

　PDCAとは、計画を立て(plan)、実行し(do)、その成果を評価し(check)、改善する(act)という一連のプロセスのことであるが、経営学由来の用語であり、品質管理の権威であるエドワード・デミングが提唱したことから「デミング・サイクル」とも呼ばれることがある。PDCAサイクルの最大の特徴は一連のプロセスを次の計画に反映させることにある。新たに計画を立案する際、これまでのPDCAサイクルを再検討することにより、よりよい成果を上げることを目指すものである。現在、PDCAサイクルの考え方は企業経

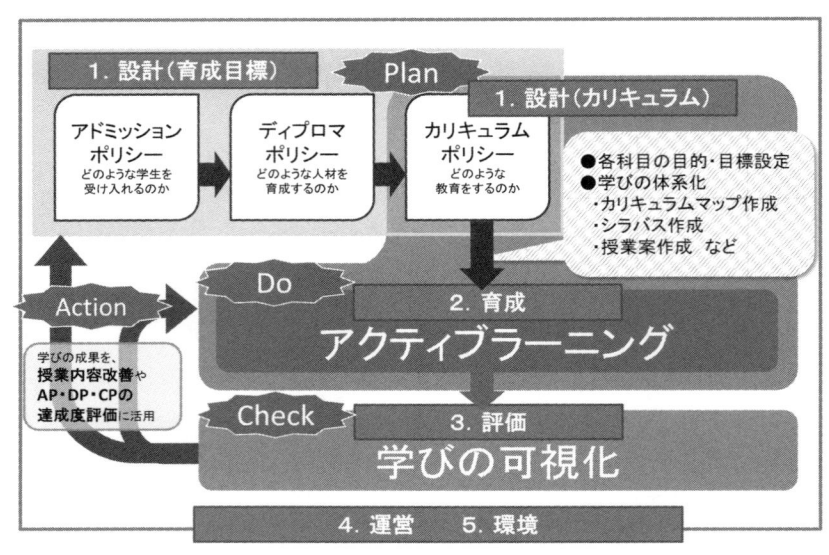

図3-3　5つの課題とPDCAサイクル

営に止まらず、さまざまな組織活動に取り入れられている。

　企業活動をモデルにして教育を考えると言えば、違和感や忌避感を抱く教師も少なくないが、economyの語源であるギリシャ語のoikonomiaはもともと「家政」を意味しており、「生」が営まれる「家」のものごとを時間の順序に即して秩序立てることというのがおおよその意味である。日本語の感覚で平たく言えば「わが家の来し方行く末を考えてやりくり上手になる」ということだろう。個人に即して換言すればおのれの来し方行く末を考えるのはキャリア開発の基本ということになるだろうし、大げさに実存主義を持ち出して「時間性が人間の本質だ」などと言うつもりはないが、人も組織も来し方行く末を考えてこそ継続性が担保されるというものである。企業活動も人間活動のひとつである以上、当たり前のことを企業活動の文脈で言っているに過ぎない。そこで、本書においてもPDCAサイクルに即してアクティブラーニングの推進を考えていきたい。

　次節以降では「設計—育成—評価—運営—環境」という5つの課題について、もう少し詳しく検討することにしたい。

各巻との関連づけ

第7巻の「アクティブラーニング失敗事例ハンドブックから」と題する**第2章（亀倉正彦）**でも、PDCAサイクルを回すことによって、アクティブラーニング型授業を改善していくことを説いています。

まとめ

- アクティブラーニング型授業を推し進めるためには、授業改善にとどまることなく、組織的な教育改革が必要である。特に、高大接続教育改革と一体化したアクティブラーニングの推進が必要である。
- そのためには「設計－育成－評価－運営－環境」という5つの課題について、PDCAサイクルを回しながら、継続的に改革を推し進めることが求められる。

文献

中央教育審議会(2014)．「初等中等教育における教育課程の基準等の在り方について」中央教育審議会．

第4章
設計：
アクティブラーニングを促す授業デザイン

第1節　何を教えたから何ができるようになるかへ

(1) 育成する能力・資質を明確にした学習デザイン

1章1節で確認したように、アクティブラーニングはTeachingからLearningへの教授学習パラダイムの転換を意味している。教師が何を教えたかという教授パラダイムから、生徒・学生が何を学び何ができるようになるのかという学習パラダイムへの転換である。さらに言えば、生徒・学生が「一人ひとりが自立した人格を持ち、自ら能動的に学びつづけ、知識を活用しながら状況に応じて的確な判断を下し、自ら発見した問題、あるいは社会的な課題を、他者と協力しながら解決できる人」(図1-11参照)、すなわち、変化の激しい現代社会の中でタフに活躍できる「アクティブラーナー」になることを意味していた。

こうしたアクティブラーニングの広い意味の目的を実現するためには、個々の科目や教科の積み上げではなく、現代を生き抜く人間に求められる能力や資質の育成から逆算した科目や教科の「設計」が必要になる。

ちなみに、ウィギンズ (Grant Wiggins) とマクタイ (Jay McTight) (2012) によって提唱され、教育評価からカリキュラム設計を捉え直す「逆向き設計」の考え方は、日本では西岡加名恵(2008)が紹介している。

ここでは逆向き設計の考え方を参考にしながら、育成する能力・資質を明

確するアクティブラーニング型授業の設計を考えてみよう。本書ではアクティブラーニングの目的は生徒・学生が自らアクティブラーナーになることだとしてきたが、我々のアクティブラーナーの定義は抽象的かつ汎用的なものであり、いわばエッセンスとしての定義でしかない。高校や大学はそれぞれの固有性があるので、それぞれに見合った目的を考えるしかないだろう。既に高校や大学でもそれぞれの教育の目的や目標を掲げているところは少なくない。しかし、その目的や目標とカリキュラムや授業設計を整合的につなげているところは少ない。意地悪く言えば、目的や目標が「お題目」化しており、個々の科目や教科がそれぞれバラバラに構築されているのである。目的・目標からカリキュラム、授業設計までが一貫したプロセスとして設計されることが望まれる(**図4-1を参照**)。

ウィギンズとマクタイの考え方によれば、設計と同時に評価の視点を考えることになるが、この点については6章に譲り、ここでは設計のプロセスに限定して考えたい。

設計のプロセスは図表4-1のようになるが、プロセス自体の説明は簡単であっても、実際にこのプロセスに即して設計することは大変な作用である。

```
1. 育成すべき人材像の策定
    ↓
2. 育成すべき知識・技能、能力、資質の設定
    ↓
3. カリキュラムの作成
    ↓
4. シラバスの作成
    ↓
5. 授業案の作成
```

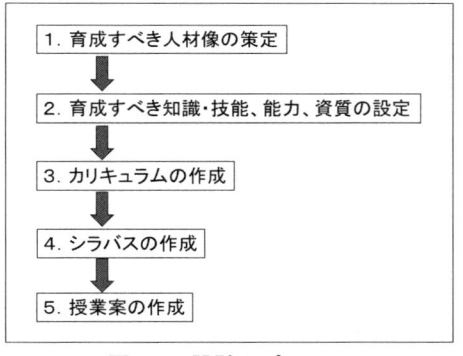

図4-1　設計のプロセス

実は、「1.育成すべき人材像の策定」、つまり高校や大学における機関としての包括的な教育目的の作成は、意外と簡単である。事実、高校や大学のホームページに誇らしげに掲げられている。

最初の難関は、そうした人材像から「2.育成すべき知識・技能、能力、資質」を設定することである。小林昭文、成田秀夫(2015)『今日から始めるアクティブラーニング　高校授業における導入・実践・協働の手引き』(学事出

版)において、例示したことがあるが、トップダウンで作成することは難しいので、高校や大学の利害関係者(ステークホルダー)が集まって、ワークショップ形式で作り上げることも考えられるだろう。

(2) インストラクショナルデザインのADDIEモデル

さて、こうした設計については、インストラクショナルデザイン(instructional design)と呼ばれる考え方が役に立つ。日本ではe-ラーニングの授業設計などで語られることが多かったが、鈴木克明らの尽力で高等教育の設計における有効性が理解されるようになってきた(鈴木・稲垣, 2011)。

インストラクショナルデザインでは教育のデザインを「ADDIEモデル」で考えている。ADDIEモデルとは「分析(Analyze)→設計(Design)→開発(Develop)→実装(Implement)→評価(Evaluate)」というプロセスの頭文字を取ったものであり、前述のPDCAサイクルをより精緻に表現したものと考えていいだろう(図4-2を参照)。

Analyze (分析)	生徒・学生の性質や課題を分析する。
Design (設計)	目的・目標を設定し、教授手法を選択する。
Develop (開発)	教材や練習課題を作成する。
Implement (実装)	開発した教材用いて授業をする。
Evaluate (評価)	目的・目標が達成されたか確認する。

図4-2 ADDIEモデル

教育として提供するプログラムなり内容なりが、人々が「必要」とされることや社会から「要求」されることとかけ離れていては意味がない。そこで、どんな生徒・学生がどんなことを学びたいのか、あるいは学ぶ必要があるのかを「分析」する必要がある。高校や大学に入学した生徒・学生がどんな学力レベルにあるかを掴んでおかなければ、自校の教育目標を達成することはおぼつかないだろう。そして、教育目標を実現するためにどのような教授アプローチを選択すればいいのかが「設計」のポイントになる。設計にしたがって、インストラクション(細かく区切られた学習・教育の単位のことで、単元などに相当する)や教材を「開発」す

ることになる。開発したインストラクションや教材を授業で実施することが「実装」であり、実装を経て当初の目的を達成したかどうかの確認するのが「評価」である。

　こうしたADDIEモデルのプロセスは、何度も言うようであるが、教師ひとりの課題ではなく、学校として教育機関として総力を挙げて取り組むものである。大学では「分析」と「評価」については、IR (Institutional Research) を専門に担当する部署を持つところも増えてきたが、IRの成果を「開発」と「実装」に十分生かし切れていないのが実情ではないだろうか。IR部門を持てない高校や大学ではさらに大きな負担となる。外部テスト等を利用した分析を自校の分析の中に取り込んで活用する等の方策が必要になるだろう。

　なお、インストラクショナルデザインについては、入門的な書籍が数多く出版されるようになり、今後はより身近な考え方になるだろう。インストラクショナルデザインを含む大学の授業開発については、gacco（日本版MOOC）で提供されている「インタラクティブ・ティーチング」の受講をお薦めする（ただし、2016年度で現行のスタイルは終了予定）。同講座は東京大学「大学総合教育研究センター」が提供するもので、河合塾の関連組織である「一般財団法人日本教育研究イノベーションセンター」（略称JCERI）が支援・協力している。大学教師を目指す院生や大学教師を対象とした講座であるが、高校教師にも十分参考になるだろう。

第2節　ポリシーによる高大接続

(1) 3つのポリシー

　文科省の中央教育審議会答申（2008）「学士課程教育の構築に向けて」の中で、大学教育における「3つのポリシー」について明らかにした。その内容を概括しておこう。

　「ディプロマポリシー」とは、大学全体や学部・学科等の人材養成の目的、学生に身につけさせるべき学習成果（learning outcome）を明文化したものであ

る。その中では学士課程で身につけさせる専門知識だけでなく、「学士力」として表現されている汎用的能力も具体的に示す必要性を示した。

「カリキュラムポリシー」とは、ディプロマポリシーを実現するための教育課程の編成・実施などの指針を明文化したものであり、教育内容―教育方法―教育評価を一体のものとして捉える視点を示している。教育方法については、知識観・学力観の転換、学習成果の重視などを踏まえ、学生の主体的な学習を引き出す教授法（アクティブラーニング）の推進が謳われた。

「アドミッションポリシー」とは、入学者選抜に関わる指針であり、大学ごとの個性・特色やディプロマポリシーやカリキュラムポリシーを踏まえたものであることを提唱している。また、大学で学習するために必要な基礎学力を的確に測る観点から、アドミッションポリシーに基づく学力試験、高等学校の履修科目指定などが適切に実施されることも求めている。学力試験の内容についても、知識の量を問うものから、総合的な学力、PISA型の学力を評価するものを取り入れることを推奨した。

3つのポリシーの関係を図示すると次のようになるだろう（図4-3を参照）。

さて、3つのポリシーをめぐる大学の現実はどのようになっているのだろうか。前節で述べたこととも重なるが、ディプロマポリシーを作ることは比

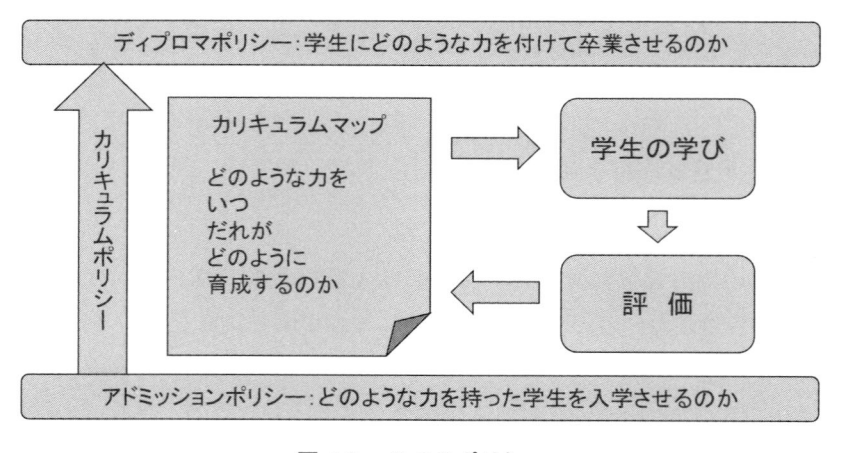

図4-3　3つのポリシー

較的簡単である。しかし、ディプロマポリシーに基づいてカリキュラムポリシーを策定し、そのもとでカリキュラムを全学的に再編することは時間のかかる難事業となるだろう。その際には、教師の連携が問われるわけだが、これが一筋縄では進まない。

　ある大学のIR部門の関係者と懇談していた際の話である。「うちの先生たちには頭を悩ませている。大学は就職予備校じゃない。大学は自分を鍛えるところだから、授業なんか出なくてもいいし、大学を出て2・3年ぶらぶらして経験を積んでから、社会に出ればいい、と言ってきかない」とこぼしていた。発言の主は日本の大学が牧歌的だったころに大学を卒業された方ではないかと推察したが、私が「だったら、アドミッションポリシーに『授業に出ないで自分を磨く人を求めます』、ディプロマポリシーに『大学を出ても就職する必要はありません』、と書くべきだと言い返したら！」と半分ふざけて提案し、一同で爆笑したことがあった。

　なぜディプロマポリシーやアドミッションポリシーを策定するのか。生徒・学生をはじめ、保護者や納税者、地域の人々などの利害関係者(ステークホルダー)への説明責任があるから、あるいはまた、よりよい教育を提供するためである、という回答が一般的なものであろう。もちろん、その通りである。しかし、これは筆者の私見であるが、ポリシーを掲げることは教育について明確な線引きをすることであり、当該の教育機関がその責任を全うしようとすると同時に、「教育の限界」を示すことに他ならないと考えている。天才は既存の教育を超えるから教育に限界があるというのではない。人の学びは学校空間の「外」でも起きており、すべての成果を学校に帰することはできない。家庭も地域も学びの空間なのである。だから、正確には「学校教育には限界がある」と言うべきかもしれない。しかし、その限界を自覚し、教育として提供するのはここまでですよということを明示すべきである。なぜなら、消費者意識でしか教育を捉えない保護者は、教育にさまざまなサービスを要求するようになっているからである。また、別の視点から言えば、個人の価値観は学校の提供する価値とずれていても何の問題もないからである。

だから、教育機関として目指す目的・目標を明示し、それでもよければお入りくださいというスタンスがなければ、教育機関として自分たちが何をすべきなのかを見失ってしまうのである。

先の例で言えば、「この大学のちっぽけな理念では物足りない、大学を出ていろいろな社会経験を積んでから就職します」と学生自身が言うのならなんの問題もないだろうが、大学関係者が言うのでは本末転倒であろうし、そのような大学に入ろうと思う者もいなくなるだろう。

(2) 高大接続と大学のアドミッションポリシー

さて、本書はポリシー策定のノウハウを整理することが目的ではなく、高校生が大学へそして社会へと育っていく過程を、アクティブラーニングという観点から再構成することが目的である。そこで、高大接続に絞って課題を整理してみたい。

高大接続という観点からポリシーの問題を見てみると、大学のアドミッションポリシーと高校の教育目標とがどのように接合するのかということになるだろう(**図4-4**を参照)。

大学は大学としてのアドミッションポリシーと学部・専攻ごとにアドミッションポリシーを策定することになる。高校としては、大学全体としてのディプロマポリシーがあるのと同じように、高校としての教育目標を定めることになる。場合によっては、コースごとの教育目標を別途設けることになるだろう。たとえば、スーパーグローバルハイスクールの指定校やアソシエイト校、スーパーサイエンスハイスクールの指定校では、高校としての教育問題の他にコース独自の育成目標を掲げることになるため、それぞれと大学のアドミッションポリシーとの接合が問題となるだろう。

このような話を高校の教師の前ですると、個別大学・学部のアドミッションポリシーに合わせて高校で教育するとなると、教育目標が細分化され、高校での教育が困難になるのではないかという懸念の声が上がる。そうした時には、お笑いタレントではないが、「安心してください、つながってます

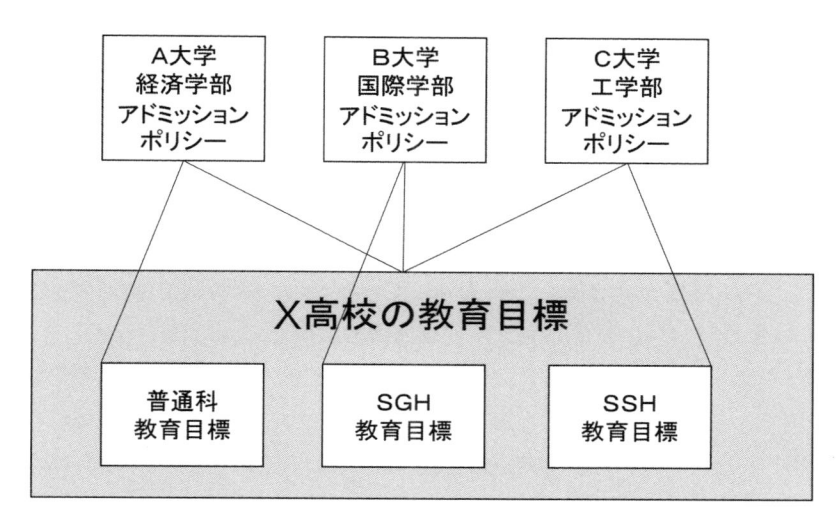

図4-4 大学のアドミッションポリシーと高校の教育目標

よ！」と、とにかく明るく言うことにしている。今後、大学のアドミッションポリシーがいま以上整理されることを前提にした話であるが、高大接続の鍵は「学力の3要素」にある（**表4-1**を参照）。

表4-1は、学力の3要素から見た高大接続の一例に過ぎないが、高校の教

表4-1 学力の3要素と高大接続（例示）

学力の3要素	高校の教育目標	大学のアドミッションポリシー（入学者選抜）
①知識・技能	・教科知識 ・学習スキル　等	・基礎学力の担保 ・専門につながる教科知識　等
②思考力・判断力・表現力	・知識を活用した課題解決 ・レポート作成 ・プレゼンテーション　等	・知識を活用する論述問題 ・レポート提出 ・プレゼンテーションの実施　等
③主体性・多様性・協働性	・主体的な学習態度 ・多様性の理解と受容性 ・コミュニケーション能力 ・他者と協働する力 ・キャリア意識　等	・学びのエビデンスの提出（ポートフォリオ） ・集団面接／集団討論 ・志望動機／学習計画書 ・客観的アセスメント　等

育目標と大学のアドミッション・ポリシーをそれぞれ学力の3要素に即して整理すると、大きなずれはなくなるはずである。高校のコースや大学の専攻によってはもう少し具体的に規定されるだろうが、学力の3要素のフレームに収めることは難しくないだろう。ただ、現段階(2015年秋)では、高大接続システム会議による新テストの答申が出ていないので、「高等学校基礎学力テスト(仮)」「大学入学希望者学力評価テスト(仮)」および個別大学の行う選抜で、学力の3要素の評価をどのように受け持つのかは明確ではないが、「入試」ではなく「教育」における高大接続を考えれば問題はないだろう。

　ちなみに、「高等学校基礎学力テスト(仮)」はともかく、「大学入学希望者学力評価テスト(仮)」は技術的な課題が多く、当初の予定通りに進まない可能性もある。よく「新テストを突破口に高大接続教育改革を進めよう」というスローガンを耳にするが、新テストが技術的な問題を抱えており頓挫する可能性もゼロではない。そうなれば、高大接続教育改革も頓挫するのだろうか。答えは否である。テストはあくまでも教育の成果を図るものとして位置づけ、新テストがどのようになっても、教育改革を推し進めることが大切であろう。あくまでも高大接続教育改革の中に入試改革、ひいては新テストを位置づけておきたい。そうでなければいま目の前にいる生徒・学生に申し訳ない。「入試が変わらなければ君たちには何もしないよ」と言うことはできないだろう。文科省が言うから、上が言うから変えるのではない。目の前にいる生徒・学生のためにこそ改革すべきではないだろうか。

　とは言え、現状はどうであろうか。東京大学のアドミッションポリシーを例にとって考えてみたい。東京大学を選んだのは、個別大学の現状をあげつらうためではなく、現状を理解するための典型として捉えているという点をぜひとも確認しておきたい。また、今回の資料は2015年現在のものであることもご理解いただきたい。

　東京大学のホームページで示された「東京大学の使命と教育理念」によれば、東京大学のディプロマポリシーに相当する教育目標は「国内外の様々な分野で指導的役割を果たしうる『世界的視野をもった市民的エリート』」(東京大学憲

章)を育成すること」である。それに続く教育目標は次のようになる(図4-5を参照)。

図4-5の【教育目標】は東大のホームページに記載されている内容を箇条書きにしたものである。それらを学力の3要素に即して整理すると、①〜③は「知識・技能」、④は「思考力・判断力・表現力」、⑤〜⑦は「主体性・多様性・協働性」に対応することはすぐに理解できるだろう。このようにディプロマポリシーには学力の3要素がバランスよく含まれている。

では、アドミッションポリシーにあたる「期待する学生像」と「入学試験の基本方針」とはどうであろうか。

「期待する学生像」では「東京大学が求めているのは、本学の教育研究環境を積極的に最大限活用して、自ら主体的に学び、各分野で創造的役割を果たす人間へと成長していこうとする意志を持った学生です」とし、さらに「入学試験の得点だけを意識した、視野の狭い受験勉強のみに意を注ぐ人よりも、学校の授業の内外で、自らの興味・関心を生かして幅広く学び、その過程で見出されるに違いない諸問題を関連づける広い視野、あるいは自らの問題意

東京大学憲章と教育目標（箇条書き）

【東京大学憲章】
　国内外の様々な分野で指導的役割を果たしうる「世界的視野をもった市民的エリート」の育成

【教育目標】
　①自国の歴史や文化に深く理解している
　②国際的な広い視野を持っている　　　　　　　　　　　知識・技能
　③高度な専門知識を持っている
　④問題を発見し解決する意欲と能力を備えている
　　　　　　　　　　　　　　　　　　　　　　　　　　　思考力・判断力・表現力
　⑤市民としての公共的な責任を自覚している
　⑥強靭な開拓者精神を発揮できる　　　　　　　　　　　主体性・多様性・協働性
　⑦自ら考え行動できる

図4-5　東京大学憲章と教育目標と学力の3要素
東京大学ホームページもとに箇条書きにしたもの（2015年8月14日閲覧）

識を掘り下げて追究するための深い洞察力を真剣に獲得しようとする人を東京大学は歓迎します」となっている。

しかし、すぐ後の「入学試験の基本方針」では、「東京大学の入試問題は、どの問題であれ、高等学校できちんと学び、身につけた力をもってすれば、決してハードルの高いものではありません」とし、学部入学試験の基本方針を示している。

> 第一に、試験問題の内容は、高等学校教育段階において達成を目指すものと軌を一にしています。
> 　第二に、入学後の教養教育に十分に対応できる資質として、文系・理系にとらわれず幅広く学習し、国際的な広い視野と外国語によるコミュニケーション能力を備えていることを重視します。そのため、文科各類の受験者にも理系の基礎知識や能力を求め、理科各類の受験者にも文系の基礎知識や能力を求めるほか、いずれの科類の受験者についても、外国語の基礎的な能力を要求します。
> 　第三に、知識を詰めこむことよりも、持っている知識を関連づけて解を導く能力の高さを重視します。
>
> 　　　　　　　　　東京大学のホームページより転載（2015年8月14日閲覧）

実にもっともな内容であろう。第一では高等学校の教育との接続、第二、第三では、知識・技能をバランス良く習得することの意義、知識を関連づけて解を導く能力（思考力・判断力・表現力）やコミュニケーション能力（多様性理解、協働性を包含している）と、学力の3要素とリンクしていることがわかる。

しかし、これにつづく教科の試験内容を比べるといささか奇妙な事態になってくる。すべてを引用することは不可能なので、学力の3要素に即して我々がまとめたものを掲載することにしよう（**表4-2**を参照）。

図表4-7を見ると一目瞭然であるが、学力の3要素のうち「主体性・多様性・協働性」にあたる内容が記載されていない。「学部入学試験の基本方針」に

表4-2　東京大学の教科入試と学力の3要素(まとめ)

	知識・技能	思考力・判断力・表現力
国語	現代文・古文・漢文の知識	筋道を立てた読解力／明確で豊かな表現力・言語運用力
地歴・公民	過去と現在、世界と各地域で起こっている事象の知識	事象を関連づけ、分析、思考する能力・論理的表現力
数学	数学的概念を用いた定式化／数学的読解力(リテラシー)／数学的表現力・数学と道具として活用する力	自分の考えを他者に明確に伝える／幅広い分野の知識・技術を統合して「総合的に問題を捉える力」
理科	自然現象に関する正確な知識／各分野の特定の知識と技能	自然現象の本質を見抜き、課題を解決する力・科学的に分析し、論理的に思考する力／自然現象を定量的に考察する力／知識や技術を統合し総合的に理解する能力・客観的に説明する科学的な表現力
外国語（英語）	言語についての正確な知識／英語による受信力／英語による発信力／発音・語彙・文法構造などの細部の把握	論理的な思考力／言語の背景にある社会や文化への理解／健全なコミュニケーション／批判的思考力／論理構成の理解や文化的背景についての知識に裏打ちされた大局的な把握

示されていることがここにでは抜け落ちているのだ。入試で評価したいのはやまやまだが、入試の限られた条件の中では、時間的に人的に難しいのが現状であるという大学側の説明が聞こえてきそうである。もちろん、そうしたことは理解できるだろうし、これは東大だけの問題ではなく、日本の多くの大学に当てはまることであろう。しかし、そこをどのように乗り越えるのか、それが課題ではないだろうか。解決策は想定できよう。けれども、実行可能な解決策でなければ意味はない。東大は平成28年度入学者選抜から推薦入試をスタートさせているが、今後どれだけ広がりを持てるか大いに注目したい。さらに、東大のみならず、それぞれの大学の努力を注視していきたい。

第3節　カリキュラム設計

(1) 全体像をデザインする――カリキュラムマップの作成

さて、図表4-1の「設計のプロセス」にしたがえば、次に行うべきことは「カリキュラム」の作成である。高校や大学でカリキュラム開発や作成にすべての教師が関わることはないだろうが、すべての教師に関わる事柄であることは間違いない。

ともすると、いままでのカリキュラムは教科や科目の「積み木」に過ぎなかったのではないだろうか。それも教える内容、専門知識を積み上げる発想である。大学の理系科目の場合は、先行する知識の習得を踏まえないと次の内容に進めない場合が多いのでカリキュラムシーケンスがはっきりしており、それ自体は問題ではない。問題はディプロマポリシーや育成目標で掲げたもののうち、学力の3要素で言えば「主体性・多様性・協働性」にあたる内容が欠落している場合が多いことである。ディプロマポリシーで謳っている

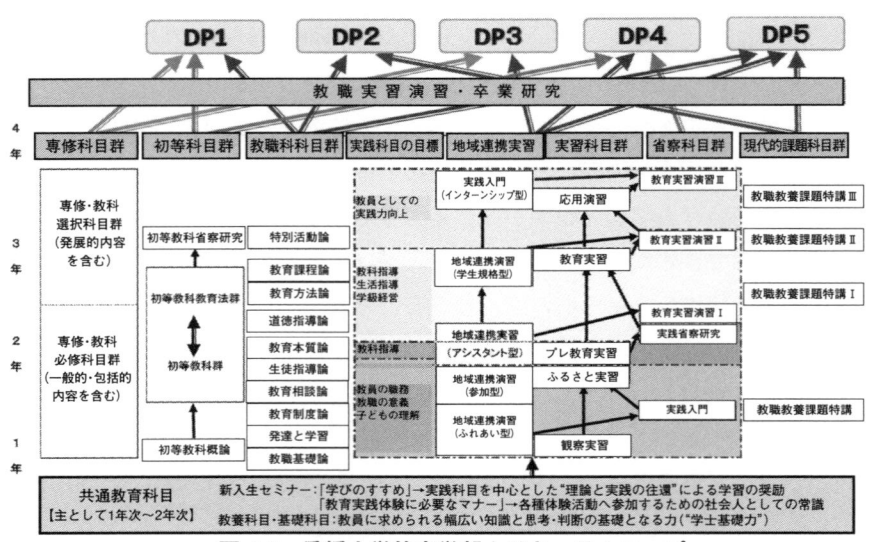

図 4-6　愛媛大学教育学部カリキュラムマップ

愛媛大学ホームページから転載（2015年8月14日閲覧）

にもかかわらず、どの科目においてもそれを育成することが目標化されていなければ、ただの「お題目」に過ぎなくなるだろう。高校でも事態は大きく変わらないだろう。

しかし、この課題をクリアする大学が既にある。それは「カリキュラムマップ」を取り入れてカリキュラム全体を見直す動きである。

図4-6は愛媛大学教育学部のカリキュラムマップである。カリキュラムマップの上段に記された「DP1」～「DP5」は教育学部のディプロマポリシーを示しており、具体的な内容は次のようになっている（**図4-7**を参照）。

教育学部のディプロマポリシー

1. 教育に関する確かな知識と，得意とする分野の専門的知識を修得している。（知識・理解）
2. 教育をめぐるさまざまな現代的課題について論じ，適切な対応を考えることができる。（思考・判断）
3. 教育活動に取り組むため，高い技能と豊かな表現力を身につけている。（技能・表現）
4. 自己の学習課題を明確にし，理論と実践を結びつけた主体的な学習ができる。（関心・意欲）
5. 専門的職業人としての使命感や責任感と多世代にわたる対人関係力を身につけ，社会の一員として適切な行動ができる。（態度）

図4-7　愛媛大学教育学部ディプロマポリシー

愛媛大学ホームページから転載（2015年8月14日閲覧）

さすが教育学部だけあって、学力の3要素に即したものになっている。ちなみに、教育学部のアドミッションポリシーを掲載するが、他大学の模範となるものであろう（**図表4-8**を参照）。

さて、こうしたカリキュラムマップと同様に、ディプロマポリシーで示された内容を、どの科目でどれくらい受け持つのかを確認できるようにしたものが「カリキュラムチェックシート」と呼ばれるものである。カリキュラム

> **教育学部のアドミッションポリシー**
>
> 　教育学部には，学校教育教員養成課程，特別支援教育教員養成課程，総合人間形成課程，スポーツ健康科学課程，芸術文化課程の5つの課程があり，それぞれ専門分野別コースをもっております。教育学部の理念・目的を達成するために，次のような資質能力を有する学生を求めます。
>
> 1．入学後の修学に必要な基礎学力としての知識や実技能力を有している。（知識・理解・実技能力）
>   ・高等学校で履修する国語，地理歴史，公民，数学，理科，外国語などについて，内容を理解し，高等学校卒業相当の知識を有している。
>   ・スポーツ，音楽，造形などに関して，修学に必要な実技能力を有している。
>
> 2．物事を多面的かつ論理的に考察することができる。（思考・判断）
>
> 3．自分の考えを的確に表現し，伝えることができる。（技能・表現）
>
> 4．教育，人間，自然，文化などにかかわる諸問題に深い関心を持ち，社会に積極的に貢献する意欲がある。（関心・意欲）
>
> 5．積極的に他者とかかわり，対話を通して相互理解に努めようとする態度を有している。（態度）

図4-8　愛媛大学教育学部アドミッションポリシー
愛媛大学ホームページから転載（2015年8月14日閲覧）

マップとしてホームページに掲載している大学もあるが、いずれの場合もカリキュラムと科目との関係が明示されている。立教大学経営学部のものを例示しておきたい（**表4-3**を参照）。

　上段の1）〜7）までが経営学部で育成すべき能力であり、それをどの科目がどのくらい担うのか、「◎・○・△」記号で示されている。直感的でわかりやすい表現になっている。

　大学ではこうした取り組みが進められているが、高校での取り組みはこれからというところであろう。いずれにしても、主体性・多様性・協働性を育成目標に挙げるならば、アクティブラーニング型授業をカリキュラムの中に埋め込み、生徒・学生の主体的な学習態度やジェネリックスキルの養成をはかることが求められよう。

表4-3　立教大学経営学部カリキュラムチェックシート

経営学部経営学科のカリキュラム				経営学部の学習成果との関連 （◎＝強く関連　○＝関連　△＝やや関連）							
科目名	科目区分	配当年次	科目の学習成果	①高い倫理感を持って行動できる	②良好な人間関係を構築し、協調的に作業ができる	③英語以外の外国語による運用能力（会話、読み書き）の養成	④自律的、創造的に研究・調査できる能力の養成	⑤経営学全般に関する知識の応用	⑥課題を分析し、トピックをまとめ、プロジェクトを立案・実行する経営論理	⑦ビジネス分析力活用し問題解決のためのリーダーシップの養成
経営学入門・経営学基礎	必修科目	1	（省略）	△			△	◎		
ミクロ経済学	必修科目	1				◎		○		
マクロ経済学	必修科目	1				◎				
基礎演習	選択科目 基礎科目	1		○	◎					○
グッドビジネス	選択科目 基礎科目	1					△	◎	△	
ファイナンシャル・マネジメント	選択科目 基礎科目	1〜4 (1・2年次推奨)		○			○	◎		○
組織マネジメント	選択科目 基礎科目	1〜4 (1・2年次推奨)		△			○	○	◎	
マーケティング	選択科目 基礎科目	1〜4 (1・2年次推奨)					○	◎		

2011年河合塾「大学教育力調査報告書」より

　繰り返しになるが、一人の教師が受け持つ教科や科目だけで生徒・学生のアクティブラーニングを支えることには限界がある。カリキュラム全体の中で自分が担当する教科や科目の位置づけを理解する必要があるだろう。

(2) シラバスの作成

　次は教科や科目の「シラバス」の設計になる。かつては講義内容の羅列のようなシラバスばかりであったが、現在では、教育目標、カリキュラムと連動したシラバスを作るようになってきた。**表4-4**は金沢工業大学のシラバスの例であるが、「学習教育目標」「学生が達成すべき行動目標」の他に「達成度評

表4-4　金沢工業大学のシラバスの例（初年次教育科目）

平成27年度　学習支援計画書

授業科目区分	科目名	単位	科目コード	開講時期	履修方法
修学基礎教育課程 修学基礎科目 修学基礎	修学基礎A Basic Style for Study A	2	G001-01	1期（前学期）	修学規程第4条を参照

担当教員名	研究室	内線電話番号	電子メールID	オフィスアワー

授業科目の学習教育目標

	キーワード	学習教育目標
1	KITポートフォリオ	本学での学習や生活に意欲的に取り組むため、学習環境と学生生活に潜む危険性を理解し、学習や生活スタイルを身につけ実践することができる。自己管理や共同の実践を通してその重要性を認識し、本学学生として学習や生活に取り組む正しい能力を「修学ポートフォリオ」などの活用を通して身につけることができる。所属する学科の専門領域を理解し、学習目標の設定と達成のための計画を設計し、「修学ポートフォリオ」などの活用を通してキャリアデザインの意識を高め、自己実現へと積極的に行動する態度を身につけることができる。
2	大学での学び方	
3	修学設計	
4	キャリアデザイン	
5	個人面談	

授業の概要および学習上の助言

1. 毎日「1週間の行動履歴」を記録し、KITポートフォリオ（web上）に入力することやカウンセリングセンター講話の聴講を通して、自己管理能力を高める。
2. 1年次後学期以降の履修計画を立てられるよう、本学の教育課程（修学基礎教育課程・英語教育課程・数理工基礎教育課程・基礎実技教育課程・専門課程）と教育制度についての理解を深める。
3. 学長講話・学生部長講話を聴講し、「KIT IDEALS」や「学生宣言」の意味や意義を規範意識を含めて理解することで、本学学生としての意識、および、学習に対する意欲を高める。
4. 正しい日本語表現力、文章・小論作成およびグループ討議の基本的な技法を学習し、身につける。また、本学の諸施設の機能と利用法を確認して、自学自習の意識を高める。
5. キャリアデザインに関する講義の聴講、キャリアポートフォリオの作成、キャリアデザインの観点を含む小論文の作成を行い、キャリアデザインの必要性を理解する。
6. 「新聞ポートフォリオ」の作成を通して、社会問題などへの関心を深める。
7. 学習・生活など、修学全般についての個人面談を行う。

①出席・提出物の締切を守ることについては特に厳しく評価する。
②科目のホームページを頻繁に見ること。http://edu1.kanazawa-it.ac.jp/shugaku/

【教科書および参考書・リザーブドブック】
教科書：修学基礎2015［金沢工業大学］
参考書：指定なし
リザーブドブック：指定なし

履修に必要な予備知識や技能
1. 「KIT IDEALS」を理解し実践する意志
2. 「学生宣言」を理解し実践する意志
3. 金沢工業大学「人間力」を身に付ける意志
4. 「自ら学ぶ」という意志と意欲

No	学科教育目標 （記号表記）	学生が達成すべき行動目標
①	A, B	「1週間の行動履歴」などの作成を通して自己管理能力を高め、提出物の締切厳守を含めた「自ら学ぶ」姿勢を確立できる。
②	A	本学の施設概要を理解し、自己実現のために活用方法を文章で報告することができる。
③	A, B	文章作成や講話聴講の基本技能を学習し、ルールに沿った文章の作成や、講話内容の的確な整理・報告ができる。
④	A, B	グループ討議を通して自己の見解と他者の見解を対比させ、意見をまとめ、口頭および文章で表現・発表することができる。
⑤	A	今後の学習目標を明確にするとともに、後学期の履修計画を立てることができる。
⑥	A, B	本科目における「学生の達成すべき行動目標」の達成度を自己評価できる。

達成度評価

指標と評価割合	評価方法	試験	クイズ 小テスト	レポート	成果発表 （口頭・実技）	作品	ポートフォリオ	その他	合計
総合評価割合		0	0	34	10	0	46	10	100
総合力指標	知識を取り込む力	0	0	13	0	0	5	0	18
	思考・推論・創造する力	0	0	8	0	0	3	0	11
	コラボレーションとリーダーシップ	0	0	3	5	0	0	0	8
	発表・表現・伝達する力	0	0	10	5	0	3	0	18
	学習に取組む姿勢・意欲	0	0	0	0	0	35	10	45

※総合力指標で示す数値内訳は、授業運営上のおおよその目安を示したものです。

金沢工業大学ホームページより転載（2015年8月14日閲覧）

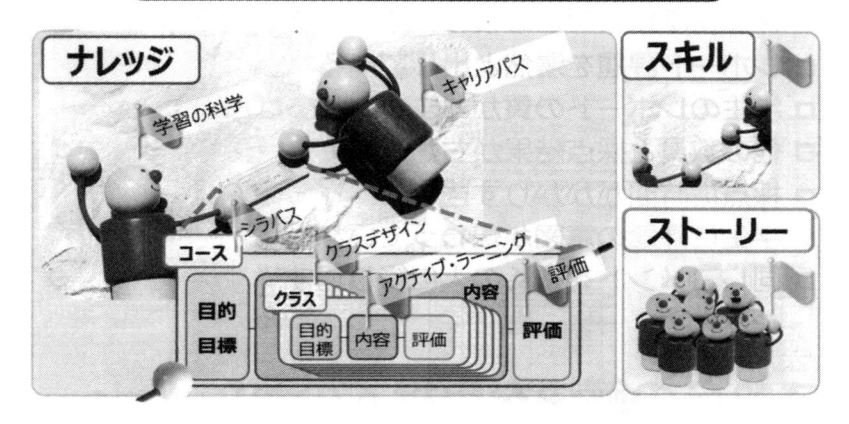

図4-9 「インタラクティブ・ティーチング」のグラフィックシラバス
gacco インタラクティブ・ティーチングより転載。

価」の方法について記載されている。ここでは割愛するが、1回～16回までの授業については別途「授業明細表」として示されている。

　繰り返しになるが、シラバスは教育目標やカリキュラムと連動してはじめて意味をもつ。そした構造を可視化する方法に「グラフィックシラバス」がある。15回の授業の関連や構造を図示するものもあれば、図4-9のようにコース全体の構造を図化して直感的に示したものもある。

　gaccoで提供されている「インタラクティブ・ティーチング」では、シラバス作成やコースデザイン、アクティブラーニングなどについて知識が学べる「ナレッジ」、授業を円滑に行うためのスキルについて学べる「スキル」、そして第一線の研究者が教育について語る「ストーリー」の3つのセクションから成り立っているが、図4-9ではそれらの関係が視覚的にわかりやすく表現されている。

　ところで、シラバスを作成する際に苦労するのが、教科や科目の「目的」と「目標」をどう記述するのかということである。

　表4-4で示した金沢工業大学のシラバスでは、「学習教育目標」と「学生が達

★生徒・学生を主語にして書く

【目的】
・科目を履修する意義＝「なぜこの科目を履修するのか」について説明する。
・教育目標に照らして作成する。
・「知る、考える、理解する」などの総括的動詞を用いる。

【目標】
・科目でどんな知識・技能や能力、態度を身につけるか具体的に記述する。
・目標＝授業を受けた結果、生徒・学生が何を学び何ができるようになっているのか（ラーニングアウトカムズ）を明示する。
・目的と対応させる＝目的を実現するために必要なことを整理する。
・一つの目標を一つの文で表現する。
・「〜できる」というように具体的に書く。
・「〜」の部分は観察可能な行為動詞で表現する。
・測定できるものに限定して書く。
・評価基準も明示する。

図4-10　目的と目標の関係

【目的】　包括的な動詞
・習得する、身につける、理解する、創造する、位置づける、認識する、価値を認める　など

【目標】
・知識
　　列記する、述べる、説明する　など
・技能
　　測定する、調べる、操作する　など
・思考力・判断力・表現力
　　比較する、関係づける、一般化する、選択する、表現する　など
・主体性・多様性・協働性
　　協調する、配慮する、参加する、尋ねる、助ける、応える　など

図4-11　目的・目標を記述のための動詞

日本医学教育学会(2009)「医療プロフェッショナルワークショップガイド」(篠原出版新社)をもとに作成。

成すべき行動目標」という表現になっていたが、教科や科目の「目的」と「目標」との関係は、次のようにまとめることができる（図4-10を参照）。

　目的は教科や科目で身につけることを包括的に記したものである。目標は目的を実現するために生徒・学生にできるようになってほしいことを具体的に記したもので、1つの目標を1つの文で表現する。目標は学力の3要素に即して表現することが望ましい。高校と大学の学びを接続させる意味においても、双方でできるだけ同じワードを使うようにした方がいいだろう。

　また、目的・目標を記述のための動詞の例を挙げておこう（図4-11を参照）。ここでは医療系のものを例示したが、それぞれの専攻・科目・教科に見合った動向を選定することが今後の課題と言えよう。

　ここまで大学の事例を中心に紹介してきたが、高校での取り組みはこれからというところだろう。『今日から始めるアクティブラーニング』の中の拙稿では、高校の国語の例を示したが、まだまだ研究開発の余地が残されている。高校のみならず予備校を含め、教育目標―カリキュラム―シラバス―授業を連動させたデザインが求められている。

(3) クラスデザイン／単元と授業案の作成

　最後は教科や科目の目的・目標に即した授業デザインということになる。高校では単元や授業案の作成という方が馴染み深いだろう。ちなみに、インストラクショナルデザインではまさに「インストラクション」をデザインすることであるが、15コマのデザインをコースデザイン、個々の授業のデザインをクラスデザインと呼ぶ。

　我々が授業デザインをする際には「プロセス」と「ユニット」という考え方をしている（成田、大島、中村、2015を参照）。

　プロセスとは教科や科目の目的・目標を実現するためのプロセスのことであり、ユニットとはそのプロセスをユニットに細分化して、それぞれのユニットで獲得すべきことを明確化する方法である。習得すべき知識や技能の間にシーケンシャルなつながりがある場合、レポート作成やプレゼンテー

```
【授業計画例…2014年度秋学期】…4名の担当教員が1ユニットずつ教材を作成
☆第1ユニット（新卒一括採用）～反対側の主張を意識しながら自分の意見を構築できる。
  第1回  資料分析1  新卒一括採用に関するグラフ等を読み取る。
  第2回  資料分析2  新卒一括採用の是非に関する資料を読み取る。
  第3回  構想＆表現  新卒一括採用の是非について、自分の意見をまとめ、文章を作成する。

☆第2ユニット（コーチング）～様々な資料をもとに課題に対して自分なりの解決策を提示できる。
  第1回  資料分析1  コーチングに関する理論的・歴史的背景を知る。
  第2回  資料分析2  コーチングに関する課題を知る。
  第3回  構想＆表現  コーチングに、自分の意見を構想し、文章を作成する。
関して
☆第3ユニット（商店街の現代的意義）～社会的な問題について自分なりの意見を主張する。
  第1回  資料分析1  商店街衰退の背景を理解する。
  第2回  資料分析2  活性化に成功している商店街の事例を知る。
  第3回  構想＆表現  現代社会における商店街の意義について自分の意見を述べる。

☆第4ユニット（社会的迷惑行為とルール）～様々な資料をもとに自分なりの解決策を提示できる。
  第1回  資料分析1  社会的迷惑行為に関する資料を読み、マナーとルールの関係を理解する。
  第2回  資料分析2  法的規制の意味を理解し、課題解決の方法について考える。
  第3回  構想＆表現  公園をめぐるルールの策定について自分の意見を構想し、文章を作成する。
```

図4-12　九州国際大学のプロセスとユニットによる授業構成

成田秀夫、大島弥生、中村博幸編（2015）『大学生の日本語リテラシーをいかに高めるか（大学の授業をデザインする）』（ひつじ書房）

ションのように作成のステップが明確な場合、情報を集め、情報を分析し、課題を発見して、解決策を構想するという問題解決のプロセスが明確な場合にはとくに有効である。図4-12は、成田、大島、中村（2015）の中で示されている九州国際大学の初年次教育科目の例であるが、4つのユニットで構成されており、それぞれのユニットに「情報分析→課題発見→解決策の構想→レポートの作成」というプロセスが埋め込まれており、そのプロセスを4回行うことで大学生のリテラシーを高める工夫がされている。

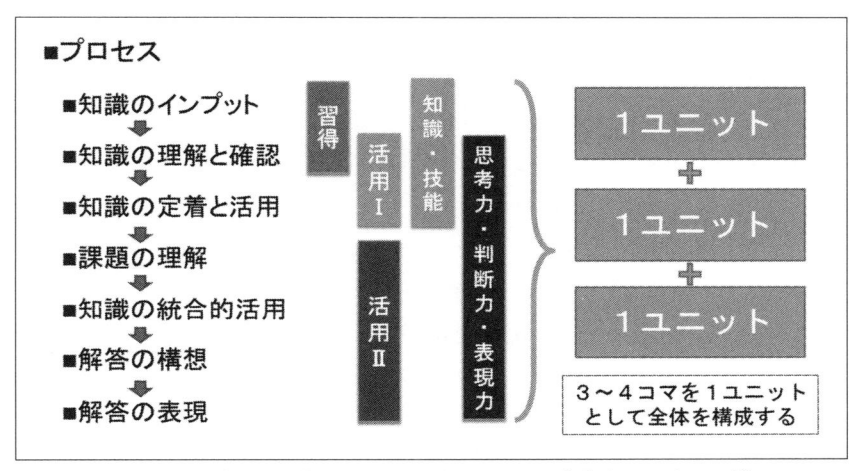

図 4-13 プロセスとユニットによるコースデザインのイメージ

```
■プロセス
  ■知識のインプット
      ↓
  ■知識の理解と確認        習得  ┐
      ↓                        │ 知識・技能
  ■知識の定着と活用        活用Ⅰ ┘
      ↓
  ■課題の理解             ┐
      ↓                   │
  ■知識の統合的活用        │ 活用Ⅱ   思考力・判断力・表現力
      ↓                   │
  ■解答の構想             │
      ↓                   │
  ■解答の表現             ┘

  1ユニット
     ＋
  1ユニット
     ＋
  1ユニット
  3〜4コマを1ユニットとして全体を構成する
```

> **各巻との関連づけ**
> 第2巻で「協同学習による授業デザイン―構造化を意識して」（安永悟）と題する第1章では、協同学習の観点から授業デザインが説かれています。

(4) 習得・活用・探究モデルに即した授業デザイン

この節の最後に、習得・活用・探究という授業目的に即した授業デザインについて考えてみたい。

2章4節(2)「アクティブラーニング型授業のモデル化」で述べたように、高校でのアクティブラーニング型授業はその目的に応じて、知識習得モデル、知識活用モデル（活用Ⅰ、活用Ⅱ）、探究モデルに分類することができた。また、河合塾の大学教育力調査では、大学でのアクティブラーニング型授業を一般的なアクティブラーニング科目と高次のアクティブラーニング科目として分類していた。そして、高校と大学のアクティブラーニング型授業は、図4-14のように対応させることができた。

ここではこうした類型について少しだけ補足説明しておきたい。

習得・活用・探究の関係は、安彦(2014)をもとに類型化したものであり、図2-26で示したのでここでは繰り返さないが、それぞれの授業モデルのサンプルを示しておきたい。高校の授業におけるそれぞれの例については、小林、成田(2015)を参照してほしい。

図4-13は、プロセスとユニットによるコースデザインのイメージを示したものである。課題解決までのプロセスと知識の習得、活用Ⅰ・Ⅱ、及び学力3要素(ただし、主体性・多様性・協働性は含まず)の関係を示している。

2章4節でも確認したが、安彦(2014)が指摘するように、知識の習得からすぐに探究に向かわないため、習得を探究へと橋渡しする働きを「活用」に求めている。

繰り返しになるが、活用Ⅰとは、取得した知識をそれと同じ文脈で活用するものであり、いわば練習問題のようなものである。活用Ⅱは、知識を習得

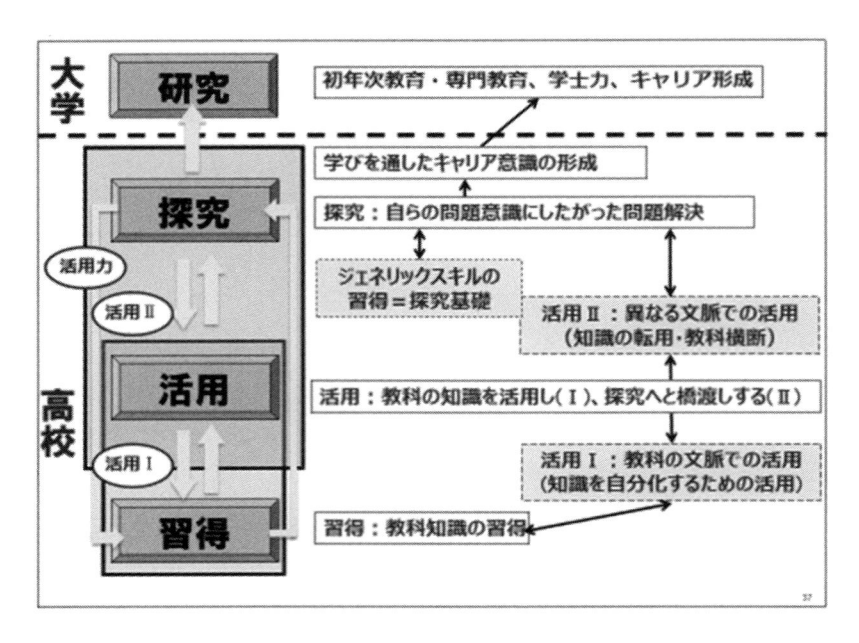

図4-14　高大接続を意識した習得・活用・探究の整理

した文脈とは異なる文脈で活用しなければならないので、どの知識を活用すべきかすぐにはわからないものである。生徒・学生の思考力・判断力を養うにはこうしたトレーニングは不可欠だろう。論述型の大学入学試験はこうした問題が多い。表現力まで問うものは小論文などの入試問題をイメージするとわかりやすいだろう。

それに対して「探究」は、生徒・学生が自らの興味関心にもとづいて探究するものである。この点については本シリーズの第6巻『アクティブラーニングとPBL・探究』で詳しく説明しているので参照してほしい。

ここでは、高大接続を意識した習得・活用・探究の関係を整理するにとどめておきたい（図4-14を参照）。

以上、設計について少し詳しく説明してきたが、設計を踏まえてどのように育成するのか、授業改善のポイントについて、次章で概観したい。

まとめ

- TeachingからLearningへのパラダイム転換に即して、何を教えたから何ができるようになるかという観点から教育を設計する。
- 育成すべき人材育成目標—育成する能力・資質の明示—カリキュラム—シラバス—クラスデザイン／授業案という設計を心がける。
- ポリシーをもとに高校と大学の教育接続をはかり、そのもとで入試改革を内包した教育改革を推し進める。

文献

ウィギンズ、マクタイ著・西岡加名恵訳（2012）.『理解をもたらすカリキュラム設計「逆向き設計」の理論と方法』日本標準.
成田秀夫・大島弥生・中村博幸編著（2014）.『21世紀を生きる大学生の日本語リテラシーを育む』ひつじ書房.

● さらに学びたい人に

- ● 安彦忠彦（2014）.『「コンピテンシー・ベース」を超える授業づくり（教育の羅針盤）』図書文化社.
  ▶これからの教育のあり方を示した指南書。習得・活用・探究の整理は秀逸。
- ● 向後千（2015）.『上手な教え方の教科書〜入門インストラクショナルデザイン』技術評論社.
  ▶インストラクショナルデザインをわかりやすく説明した入門書。
- ● スーザン・A・アンブローズ他著・栗田佳代子訳（2014）.『大学における「学びの場」づくり（高等教育シリーズ）』玉川大学出版部.
  ▶学生の学びを支援するための7つの原理をわかりやすく解説。

第5章
育成：アクティブラーニングを支える授業改善

第1節　教授学習パラダイムの転換と教師の役割の変化

(1) 教師の役割の多様化

　さて、アクティブラーニングの主語は生徒・学生であり、教師は生徒・学生のアクティブラーニングを支えるアクティブラーニング型授業を行うのであった。それはTeachingによる教授パラダイムからLearningによる学習パラダイムへと転換することを意味していた。そうなれば、当然、知識を体系立って効率よく、そしてわかりやすく「伝える」ことが中心であった教師の役割も変化せざるを得ない。

　思い返せば、予備校業界には「予備校講師五者説」なるものがあり、若かりし日の筆者も先輩から口伝されたものである。ここでは口伝の五者を筆者なりにアレンジしたものを紹介したい（図5-1を参照）。「塾生」という言葉が出てくるが、河合塾では生徒を塾生と呼んでいることに由来する。

　「学者たれ」とは、自分が担当する教科について深い知識を有するだけでなく、教科に関連する学問

```
一、予備校講師は学者たれ。
一、予備校講師は芸者たれ。
一、予備校講師は易者たれ。
一、予備校講師は医者たれ。
一、予備校講師は編者たれ。
```

図5-1　予備校講師五者説（アレンジ版）

を修め、生涯向学心を忘れない者たれという意味である。

「芸者たれ」とは、塾生の興味関心を引きつけ、授業を理解させる技を磨くのみならず、ひとたび教壇に立ったなら、最後までやり遂げる気概を持てという意味である。

「易者たれ」とは、大学入試の傾向やトレンドをつかんで塾生に伝えるだけでなく、教育や社会の変化を読み、いち早く対応できる体勢を整えよという意味である。

「医者たれ」とは、塾生たちの学びに寄り添い、躓きや課題を発見してその原因を突きとめ、塾生と話し合いながら処方するという意味である。

「編者たれ」とは、塾生たちの力を伸ばす最良の教材を編集したり、塾生の学力の現状や伸びを確認するために模擬試験を作成したりする力を持てという意味である。

予備校講師というと授業パフォーマンスだけがクローズアップされがちであるが、本物の芸者さんには申し訳ないが、授業で目立つだけの出来の悪い芸者講師は底の浅さがすぐにバレてしまう。塾生を侮ってはいけない。塾生たちは大人を見きわめる力を持っている。

さて、予備校講師でさえも、授業のデリバリースキル（伝える技術）を磨くだけでは不十分であったのだから、高校・大学の教師においてはいままでも五者以上の能力を求められていたはずであろう。いま風に捉え直せば、予備校講師五者説とは、予備校講師のコンピテンシーを言語化したものであると言えよう。教授学習パラダイムの転換期にあって、これは一つの参考になるかもしれない。

現代であれば、五者に加え、塾生のキャリア開発を支援する「キャリアカウンセラー」、塾生が目指すものを支える「コーチ」、塾生のアクティブラーニングの進捗を支える「ファシリテーター」、塾生間、講師間の意思疎通を促し事業を滞りなく進行させる「コーディネーター」、講師のスキルアップやカリキュラム開発を担当する「ファカルティーディベロッパー」、組織の来し方行く末を考え未来を切り開く「オーガナイザー」等々、さまざまな役割、コン

ピテンシーが加わることになるだろう。急にカタカナ言葉が多くなるのが「玉に瑕」であるが、塾生をアクティブラーナーに育てるために一肌も二肌も脱ぐのが「予備校講師魂」というものではないだろうか。

急に格調の低い予備校の話を持ち出し、教育「学」的な裏づけのない話をしたことをお許し願いたいのだが、実は教師のコンピテンシーを言語化する試みが意外に少ないのである。企業の人材育成においては対象化されることが、なぜ教育の世界では起こりにくいのか。教育を研究するはずの大学の教育学

```
┌─────────────────────────────────────────────────┐
│  地球的視野に立って行動するための資質能力        │
└─┬───────────────────────────────────────────────┘
  ├─┤ 地球、国家、人間等に関する適切な理解 │
  │    例：地球観、国家観、人間観、個人と地球と国家の関係についての適
  │       切な理解
  ├─┤ 豊かな人間性 │
  │    例：人間尊重、人権尊重の精神、男女平等の精神、思いやりの心、ボラ
  │       ンティア精神
  └─┤ 国際社会で必要とされる基本的資質能力 │
       例：考え方や立場の相違を受容し様々な価値観を尊重する態度、国際社会に貢
          献する態度、自国や地域の歴史・文化を理解し尊重する態度

┌─────────────────────────────────────────────────┐
│  変化の時代を生きる社会人に求められる資質能力    │
└─┬───────────────────────────────────────────────┘
  ├─┤ 課題解決能力等にかかわるもの │
  │    例：個性、感性、想像力、応用力、論理的思考力、課題解決能力、継続的
  │       な自己教育力
  ├─┤ 人間関係にかかわるもの │
  │    例：社会性、対人関係能力、コミュニケーション能力、ネットワーキ
  │       ング能力
  └─┤ 社会の変化に適応するための知識及び技能 │
       例：自己表現力（外国語のコミュニケーション能力を含む。）、メディ
          ア・リテラシー、基礎的なコンピューター活用能力
```

図5-2　今後教員に求められる資質能力の例

文部科学省教育職員養成審議会（2000）「養成と採用・研修との連携の円滑化について（第3次答申）」をもとに作成。

```
┌─────────────────────────────────────────────────────────────┐
│  ┌─────────────────────────────────────────────┐            │
│  │   教員の職務から必然的に求められる資質能力    │            │
│  └─────────────────────────────────────────────┘            │
│   ┌─────────────────────────────────────────┐               │
│   │ 幼児・児童・生徒や教育の在り方に関する適切な理解 │         │
│   └─────────────────────────────────────────┘               │
│     例：幼児・児童・生徒観、教育観(国家における教育の役割について │
│        の理解を含む)                                         │
│   ┌─────────────────────────────────────┐                   │
│   │ 教職に対する愛着、誇り、一体感      │                   │
│   └─────────────────────────────────────┘                   │
│     例：教職に対する情熱・使命感、子どもに対する責任感や興味・関心 │
│   ┌─────────────────────────────────────────┐               │
│   │ 教科指導、生徒指導等のための知識、技能及び態度 │          │
│   └─────────────────────────────────────────┘               │
│     例：教職の意義や教員の役割に関する正確な知識、子供の個性や課 │
│        題解決能力を生かす能力、子どもを思いやり感情移入できるこ │
│        と、カウンセリング・マインド、困難な事態をうまく処理できる │
│        能力、地域・家庭との円滑な関係を構築できる能力         │
└─────────────────────────────────────────────────────────────┘
```

図 5-3　今後教員に求められる資質能力の例

文部科学省教育職員養成審議会 (2000)「養成と採用・研修との連携の円滑化について (第3次答申)」をもとに作成。

部が、初中等の教育を対象にできても、おのれの所属する高等教育自体を対象化できないことと通底しているのだろうか。その中では堀裕嗣(2013)『教師力ピラミッド　毎日の仕事を劇的に変える40の鉄則』(明示図書出版)はわかりやすい実例の一つかもしれない。

　ちなみに、文科省の教育職員養成審議会第3次答申「養成と採用・研修との連携の円滑化について」(2000)では、「今後教師に求められる資質能力の例」として次のようなことが挙げられている(図5-2、5-3を参照)。

(2) デリバリースキルとICTの活用

　さて、近ごろはタブレットを用いた授業やらインターネットの活用を積極的に授業に取り入れる試みが進められている。「教育のICT化」のもとにデバイスがばらまかれている状況に臨んで、老婆心ながら、第二の公共事業にならなければと危惧している。ばらまきの真意はさておき、ICT(Information and Communication Technology)は使いようによってはアクティブラーニング

の救世主となりうるものである。

　たとえば、先に紹介した日本版MOOCのgaccoで提供されている「インタラクティブ・ティーチング」の講座は、忙しい教師にとって、大学院に通わずして知識を習得できる画期的なものである。もし、リアルに講座を担当する栗田佳代子の授業を受けたければ、東大の院生になるしかないのだ。それが、自宅に居ながら、しかも無料で受講できるメリットは大きい。e-ラーニング型の授業の常として最後まで修了できるのは約10％に満たないが、モチベーションの高い教師には歓迎されるのではないか。

　こうした先端的なICT活用でなくても、授業の中でパワーポイントなどのプレゼンテーションソフトが使えるだけでも、説明の時間が節約されたり、画像や動画を用いて効果的な教示ができたり、授業の幅が広がるだろう。ただ、大学ならともかく、高校ではプロジェクターとスクリーンを教室に備えるだけでも費用負担は小さくない。だから公共事業でという流れはわからないわけではないが、教師の側に受容性がなければ宝の持ち腐れになってしまう。

　ICTを用いない教示方法として「KP法」というものがある。川嶋直(2013)『KP法 シンプルに伝える紙芝居プレゼンテーション』(みくに出版)に詳しく説明されているが、簡単に言えば「KP法(紙芝居プレゼンテーション法)とは、A4の紙とホワイトボード、マグネットがあれば、誰でも、どこでもすぐにできる超シンプルなプレゼンテーション＆思考整理法」のことである。プロジェクターやスクリーンがなくても、あるいはないがゆえに、授業や会議の進行に合わせて、考えや話の展開をタイムリーに共有できるのは魅力的な方法であろう。

　いずれにせよ、授業に有効に活用できるものは何でも使えばいいのであろう。ただし、それらが授業の設計の中できちんと位置づけられることが肝心である。

　ここではデリバリースキルとしてのICTの活用について触れたが、8章の「環境」で取り上げるように、ICTの活用は授業外学習を促進・支援する際に

大いに有効性を発揮すると考えている。

　ところで、デリバリースキルとは授業やプレゼンテーションの際の「伝え方の技術」というほどの意味である。英語でdeliveryと表記するが、speechが「話す」という意味であるのに対して、deliveryは「話す」という意味に加えて「相手に届ける」という意味合いを持っている。話しっぱなしではなく、相手に届く話し方ということになるだろう。差し詰めKP法は相手の心に届く素敵なデリバリースキルということになるかもしれない。

　さて、アクティブラーニングを支える教師の役割が多岐にわたるようになっている現状を踏まえ、そうした役割を遂行できるようになるためには、それなりのトレーニングや研修が必要になるだろう。その点について、次節で簡単に触れておきたい。

第2節　研修を通した授業改善

(1) 相互研修と外部研修

　大学では「FD (faculty development) 研修」が義務化されて以来、学内外で開催される「研修」に参加することは普通の出来事になってきた。高校でも以前から校内研修などが行われていたが、アクティブラーニングが推進されるようになってから、統計を取っているわけではないが、研修を行う頻度は飛躍的に高くなったように思われる。また、大学でも高校でも「聞くだけの研修」ではなく、教師もアクティブラーナーとして、研修の中で「書く・話す・発表する」という活動を通して、アクティブラーニング型の研修を行うことが増えてきた。たとえば、アクティブラーニングの意義について講義を聴くだけではなく、研修の前にどう思っていたかを外化し、講義の後のグループディスカッションを通して他者の考えに触れ、研修の最後にはアクティブラーニングの意義について自分の考えがどのように変わったのかを振り返るという、アクティブラーニング型授業の進め方をまさにアクティブラーニング型研修で行うことが主流になっている。

ちょっと昔までは研修というと偉い先生のお話しを聴衆は襟を正して拝聴するという構図ではなかったか。あるいは、研究授業などで授業者が袋叩きに合うというようなものではなかったか。「二度と研修など受けたくない」という感想を多くの教師が持っていた。

　こうした研修のあり方に対して、京都大学高等教育研究開発推進センターが提唱する「相互研修型FD」という考え方は的を射ていよう。相互研修型FDとは、「個別的な日常的教育活動を前提にして、自律的な実践者どうしが協働すること」をいう（松下2010）。受けるときだけの研修ではなく、日常の教育活動の中で互いに研修し合うということである。こうした取り組みは学内での教師の連携を促すものであろうし、実効性のある研修のあり方でもあろう。

　こうした相互的で上下関係のない「授業見学」と「授業振り返り会」については、小林昭文・成田秀夫（2015）『今日から始めるアクティブラーニング　高校授業における導入・実践・協働の手引き』（学事出版）の中で詳しく取り上げているので、ぜひ一読していただきたい。教師が互いに協働し互いに学ぶことを体験することは、生徒・学生のアクティブラーニングを支える上で貴重な体験となるだろう。

　さて、研修は校内に日常的な教育活動の延長に位置づけるのが基本的な考え方であろう。しかし、学内だけではどうにもうまく回らないことがある。たとえば、筆者は早くからアクティブラーニング型授業に取り組んでおり、弊塾でもささやかながらアクティブラーニング型授業を開発してきた。しかし、内部の同僚から見れば好き者が変わったことをやっている位にしか理解されていなかった。ところが、溝上慎一を招いて塾内向けの講演会を開くと大勢の教職員が集まり、意気投合するのである。同じことを言っても筆者には何の神通力もないが、溝上の一言は弊塾の人心を把握するのである。奇妙なことだが、これがどんな組織でも外部コンサルタントを受け入れる素地になっている。その際の肝は、内部の人間と外部の人間が密に連携していることである。外部の人間なら大胆なことを言えるだろう。しかし、丸投げの外

部研修は何の意味もない。内部の人間が外部の人間を活用して組織をどう変えたいのか、その意志がなければ、研修費用は交際費と大差ない意味しか持たないだろう。

そういう意味では、研修を企画開発する担当者は、内外にアンテナを張って、いま何の研修を投入するのがベストか判断する力が求められるだろう。

さて、次項では、我々が研修を行う際に留意している点について簡単に触れておきたい。

(2) ビリーフスの顕在化と３つの指導観

高校も大学も個別事情が異なるので一般化して捉えにくい面もあるが、教師としてのキャリアも力量も教育観も異なっていることが多い。たとえば、大学の初年次教育においては、大学の学部に「初年次教育学部」などないことからわかるように、初年次教育の専門家として教育を受けた者など皆無に等しい。たまたま担当になった教師が悪戦苦闘しながら、それぞれに授業スキルを磨いているのが現状である。したがって、大学によっては１年生全員を対象にした初年次教育科目を走らせているところが少なくないのだが、シラバスも共通、テキストも共通にしても、教える教師によって授業の内容がバラバラということは珍しくない。学生からすれば実に奇妙なことであるが、担当する教師はそんな意識もなく、淡々と授業をこなしているのだ。しかし、こうした教師たちが一同に会してFD研修をするとトラブルになりかねない。教師同士がディスカッションしても、互いの信念をぶつけ合うだけで「空中戦」で終わってしまうだろう。話し合いの共通の前提がないので、議論が空中分解してしまうからである。

我々はこうした事態を打開するために、研修会の冒頭で、教師が暗黙に抱いている教育観なり授業観なりのビリーフスを顕在化させ、互いの違いを認め合うことを行うようにしている。こうした方法を「チェック＆シェア」と呼んでいるが、質問用紙にチェックを入れることで教師の暗黙知化されたビリーフスを類型化し、各自がどんなことに力点を置いて授業をしていたのか

を顕在化するとともに、その結果をメンバーでシェアすることで各自のビリーフスの違いを「共有化」するというものである。質問紙の内容を含め、詳しいことは、成田秀夫・大島弥生・中村博幸(2015)『大学生の日本語リテラシーをいかに高めるか(大学の授業をデザインする)』(ひつじ書房)を参照してほしい。

我々はそうしたビリーフスを顕在化した後で、教師ははじめて教育方法について自覚的に向き合えると感じている。どんなにアクティブラーニング型授業についての知識を得ても、知識伝達志向の強い教師はついつい長々と話し、生徒・学生のアクティブラーニングの機会をつぶしてしまうのだ。自分のビリーフスを自覚してこそ修正もできるというものである。

さらに、われわれは、授業設計に際して具体的な手法を選択する前に、3つの指導観に即して授業の構成をメタ化して考えることを推奨している。3つの指導観とは「教えるタイプ」「気づかせるタイプ」「気づき合うタイプ」のことであり、それぞれのタイプの特徴を次のようにまとめている(**表5-1**を参照)。

これらの3つのタイプは、教育観と指導観についての歴史的な概観をふま

表5-1　3つの指導観

教える タイプ	・教授者がモデルを示す　→　学習者がモデルを模倣する ・スモールステップ＋即時フィードバック ・知識の体系的な伝達
気づかせる タイプ	・教授者が課題・到達点を示す　→　学習者が協力して課題を解決する ・学習者の「理解の最大化」を求める ・学習者同士の学び合い
気づき合う タイプ	・知識は学習者同士が構成する ・学習者の自律性を高める ・課題解決の現実性を求める ・対立と協調が混在する現実社会への対応 ・あくまでも学習者自身が答えを出す

成田秀夫、大島弥生、中村博幸編(2015)『大学生の日本語リテラシーをいかに高めるか(大学の授業をデザインする)』(ひつじ書房)

えて整理されたものである。近代的な教育観は、行動主義的な教育観、認知主義的な教育観、構成主義的な教育観として類別される。もちろん、厳密な教育学の研究においては精緻な分類がなされており、こうした類別は不正確という誹りを受けるだろう。しかし、ここではあくまでも教授者が自らのビリーフスを自覚し、自らが直面する教育現場で活かせることを目指しており、学問的な厳密さが教育実践の初動において足かせになりかねないため、教育観の特徴はより明示化されるような類型分けをしていることをご承知願いたい。

これを作成した当時は、学力の3要素との連関など考えることもなかったが、いま改めて見直してみると、教えるタイプが知識や技能の習得モデル、気づかせるタイプが活用モデル（特に活用Ⅱ）、気づき合うタイプが探究モデルに対応していることに気づく。そして、ここで示した3つの指導観にはそ

表5-2　3つの指導観のメリット・デメリット（抜粋）

3つの指導観	メリット	デメリット
教えるタイプ	・体系的に知識を教えられる ・正解を示しやすい ・定型を教えるときはプラス ・大人数でも可能	・学生の理解を確認しづらい ・示された正解を絶対視しがち ・内容的な多様性を示しにくい ・学生同士の接触が少ない
気づかせるタイプ	・学生による仮説検証 ・答えを発見させる ・学生間の学び合い ・コミュニケーション力の育成 ・チームの責任感の育成	・独力でできないケースも ・学び合いが生まれない場合も ・授業の準備に時間がかかる ・単なるおしゃべりになるときも ・フリーライダー（ただ乗り）も
気づき合うタイプ	・自律性のある大人に向く ・知の創発性（1＋1＞2） ・解き方の選択自体も学べる ・知識や経験を活かせる ・少人数の密度の濃い議論 ・ＰＢＬ、卒論などの探究活動	・自律性が低いと成立しない ・想定内の発想に留まる場合も ・メンバーの学びの差が大きい ・ストックがないと浅い学びに ・大人数では難しい ・知のないＰＢＬはお遊びに

成田秀夫、大島弥生、中村博幸編（2015）『大学生の日本語リテラシーをいかに高めるか（大学の授業をデザインする）』（ひつじ書房）

れぞれメリットとデメリットがあることも示しておこう（**表5-2**を参照）。

　我々の行うFD研修会では、「チェック＆シェア」で教師の暗黙知化したビリーフスを顕在化させ、「3つの指導観」の「メリット・デメリット」を踏まえた上で、シラバスなり授業案なりの設計を行うことにしている。こうすることで教師同士が共通言語を介して語り合い、カリキュラムについて建設的な討論をしやすくなるのである。

　ところで、アクティブラーニング型授業の具体的な技法については本シリーズの第1巻『アクティブラーニングの技法・授業デザイン』で詳しく論じられているので、そちらを参照してほしい。

　では、これまでの設計—育成を踏まえ、学びの成果をどのように評価するのかについて、次節で概観しよう。

まとめ

- TeachingからLearningへのパラダイム転換に即して、教師の役割も多様化する。教師は、知識の伝授だけではなく、生徒・学生のアクティブラーニングを支えるあらゆる役割を遂行することが必要であり、それを実現するための研修が必要になる。
- 学校現場での教師相互の研修を継続的におこなうと同時に、必要に応じて外部研修を実施することが望ましい。
- 教師は自らの教育観を自覚し、互いの価値観を認め合いながら連携して授業改善に取り組むことが臨まれる。望まれる

文献

文部科学省教育職員養成審議会(2000).「養成と採用・研修との連携の円滑化について(第3次答申)」.
小林昭文・成田秀夫(2015).『今日から始めるアクティブラーニング』学事出版.
川嶋直(2013).『KP法 シンプルに伝える紙芝居プレゼンテーション』みくに出版.

堀裕嗣 (2013).『教師力ピラミッド　毎日の仕事を劇的に変える40の鉄則』明示図書出版.

◉さらに学びたい人に

◉ 成田秀夫・大島弥生・中村博幸編著 (2015).『大学生の日本語リテラシーをいかに高めるか（大学の授業をデザインする）』ひつじ書房.
　▶3つの指導観に基づく授業改善を具体的な事例を交えて解説。
◉ エリザベス・バークレイ、クレア・メジャー、パトリシア・クロス著・安永悟訳 (2009)『協同学習の技法―大学教育の手引き―』ナカニシヤ出版.
　▶アクティブラーニング型授業の手法について解説と事例が示された実戦のための書。
◉ 堀公俊・加留部貴行 (2010).『教育研修ファシリテーター』日本経済新聞出版社.
　▶教師研修のファシリテーションについて解説した入門書。
◉ 中原淳・荒木淳子・北村士朗他 (2006).『企業内人材育成入門』ダイヤモンド社.
　▶企業での人材育成・研修のあり方の入門書だが、高校・大学でも大いに役立つ。

第6章

評価：
アクティブラーニングを育む評価

第1節　評価のデザイン

(1) 生徒・学生を育てる評価

　アクティブラーニングの評価については本シリーズの第3巻『アクティブラーニングの評価』でくわしく論じられているので、ここでは「評価」の概観を確認することにとどめておきたい。

　教科書風の記述で心苦しいが、評価は大きく「形成的評価」と「総括的評価」に大別できる。形成的評価 (formative evaluation) とは、学習者が学習の目的に達しているか、達していなければどこが足りないのかについて、学習者自身に気づきを促し、学習の過程を改善することを目的としている。教師は生徒・学生に形成的評価の結果をフィードバックし、生徒・学生の学ぶ意欲を高めるよう支援することが大切である。これに対して、総括的な評価 (summative evaluation) とは、学習成果の達成度合いを把握するための評価であり、通常、期末や卒業時に行われ、合否や進級の判定のために行われる。形成的評価が有効に行われた結果、学習が進み、総括的評価が高まることを、試験の前の「一夜漬け」と対比させたものがあるので引用しておこう (**図 6-1** を参照)。

　とくに、生徒・学生のアクティブラーニングを支援する際には、形成的評価を通して自らの学びを促して行くことが有効である。

　知識の習得が目標であれば「客観式の小テスト」で何が習得できて何ができ

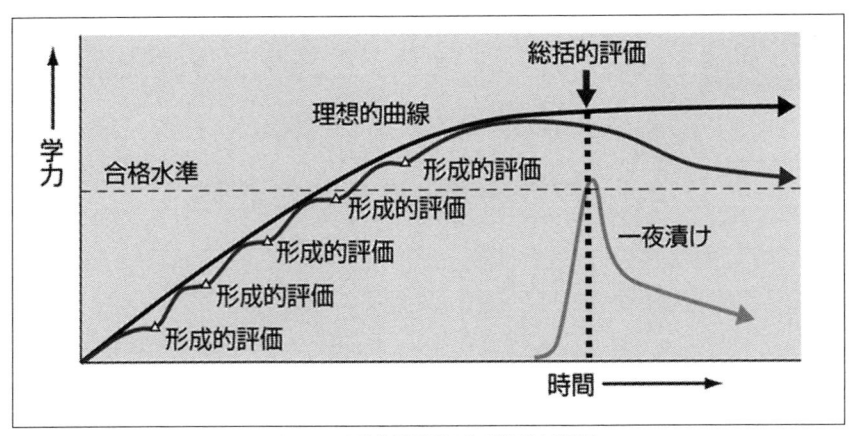

図6-1 形成的評価と総括的評価

日本医学教育学会(2009)「医療プロフェッショナルワークショップガイド」(篠原出版新社)をもとに作成。

ていないか、生徒・学生が自分で気づくようにすればいいだろうし、思考力・判断力・表現力の育成が目標であれば短い「論述式のテスト」を解答させたり、短い「レポート」を作成させたりして、思考や表現のプロセスに問題があればどこが問題なのかをフィードバックすることになるだろう。その際、観点別のルーブリックを作成しておき、生徒・学生がルーブリックにしたがって自らの到達点を把握し、自らの課題について自覚を促すことも有効であろう。また、高校の探究的活動や大学の卒業論文など、生徒学生が自ら設定した問題を探究する場合は、活動の途中でそれまでの成果を発表させる機会をもち、生徒・学生本人の自己評価や生徒・学生同士の相互評価を踏まえながら、教師が適切にフィードバックすることになるだろう。

(2) 何のために、何を、誰が、いつ、どのように評価するのか

上記のことをまとめると、「何のために、何を、誰が、いつ、どのように評価するのか」ということに集約される（**表6-1**を参照）。

第6章 評価：アクティブラーニングを育む評価　119

表6-1　評価の原則

評価の観点	具体例
1．何のために（目的）	1-a：形成的評価　1-b：総括的評価
2．何を（対象）	【学習者】2-a：知識・技能　2-b：思考力・判断力・表現力　2-c：主体性・多様性・協働性
	【プログラム】2-x：目標・目的　2-y：授業手法　2-z：評価
3．誰が（評価者）	3-a：教師　3-b：自分　3-c：仲間　3-d：学外者
4．いつ（時期）	4-a：学習前　4-b：学習中　4-c：学習後
5．どのように（方法）	5-a：客観テスト　5-b：論述試験　5-c：口頭試験　5-d：レポート／プレゼンテーション　5-e：リフレクション

　シラバスの作成の際に、設計―育成―評価はセットであると述べたが、設計と評価は表裏一体のものであり、表6-2に示した、1〜5の観点の組み合わせで評価することになる。

　たとえば、レポート作成の中間発表の場合なら（**表6-2を参照**）、よりよいレポートを作成するために（1-a：形成的評価）、専門の知識を活用しながら（2-a：知識・技能）、具体的な問題を考察してきている）についてのルーブリックを用いて（2-b：思考力・判断力）、仲間の意見や（3-c：仲間）、教師のアドバイスをもらいながら（3-a：教師）、自分自身が（3-b：自分）、学期の途中で（4-b：学習中）、振り返る（5-e：リフレクション）ということになる。

表6-2　評価の例示1

評価の観点	レポート作成の中間発表の場合
1．何のために（目的）	よりよいレポートを作成するために（1-a：形成的評価）
2．何を（対象）	専門の知識を活用しながら（2-a：知識・技能）、具体的な問題を考察してきているか（2-b：思考力・判断力）について
3．誰が（評価者）	仲間の意見や（3-c：仲間）、教師のアドバイスをもらいながら（3-a：教師）、自分自身が（3-b：自分）
4．いつ（時期）	学期の途中で（4-b：学習中）、
5．どのように（方法）	振り返る（5-e：リフレクション）。

また、教科や科目の知識の習得の場合であれば(**表6-3**を参照)、専門の知識が習得できているかを確認するために(1-b:総括的評価)、ここの生徒・学生がどれだけ理解しているかを(2-a:知識・技能)、教師が(3-a:教師)、単元や学期の終了後に(4-c:学習後)、客観式のテストで評価する(5-a:客観テスト)ということになる。

表6-3 評価の例示2

評価の観点	教科や科目の知識の習得の場合
1．何のために(目的)	専門の知識が習得できているか(1-b:総括的評価)
2．何を(対象)	【学習者】 2-a：知識・技能
3．誰が(評価者)	3-a：教師
4．いつ(時期)	4-c：学習後
5．どのように(方法)	5-a：客観テスト

さらに、課外活動を通してジェネリックスキルを育成する場合なら(**表6-4**を参照)、ジェネリックスキルを育成する(1-a：形成的評価)ために、活動の中で生徒・学生がどのように主体性を発揮し、多様性を理解して他者と協働できたかについて(2-c：主体性・多様性・協働性)、生徒・学生が自分自身で、または仲間から(3-b：自分 3-c：仲間)、毎回の活動の最後に(4-b：学習中)、ルーブリックをふまえた振り返りやフィードバックを行う(5-e：リフレクション)ということになるだろう。

表6-4 評価の例示3

評価の観点	課外活動を通してジェネリックスキルを育成する場合
1．何のために(目的)	ジェネリックスキルを育成する(1-a：形成的評価)
2．何を(対象)	【学習者】 2-c：主体性・多様性・協働性
3．誰が(評価者)	3-b：自分 3-c：仲間
4．いつ(時期)	4-b：学習中
5．どのように(方法)	5-e：リフレクション

第6章　評価：アクティブラーニングを育む評価　121

第2節　相互的な学びのプロセスを評価する試み

(1) 三宅なほみが目指したもの

　さて、上述のように形成的評価は、生徒・学生の成長に資するものであるが、アクティブラーニングの活動そのものの中でどのような学びが行われているかについて評価されることはほとんどなかった。オルタナティブな評価として登場した「パフォーマンス評価」もパフォーマンスの結果を評価するものであり、活動そのもの中で起きている学びを評価しようというものではない。

　そうした中にあって、故三宅なほみが目指したことは、特筆にあたると言えるだろう。三宅なほみが提唱した「知識構成型ジグソー法」では、同じ問いについて授業前と授業後でどのように変化したかをみる「授業前後理解比較法」が中心になっている。

　たとえば、「葉っぱはなぜ緑か？」という問いに対して、授業前では「葉緑体が緑色をしているから」と素朴な記述をしていた生徒が、「可視光線」「光合成による光の吸収と反射」「好気球菌の生息範囲」という3つのパーツからなるジグソー活動を経て、「光合成では黄色や赤色の光が吸収され、青や緑の光が反射しているため、葉っぱは緑色に見える」という記述に変わることで、その生徒が学んだことを明らかにしようとするものである。こうすることで一人の生徒の学びの質が浮かびあがってくる。アクティブラーニングが深い学びと結びついていることを証す手立てになるだろう。

　しかし、ジグソー活動の中でどのように建設的相互作用が起きていたのかについては、未だブラックボックスのままである。そした学びの過程をリアルに知るためには、ジグソー活動で発せられた生徒の発話を分析するしかないだろう。三宅なほみが「多面的対話分析法」と名づけた学習活動の中での発話分析は、ジグソー活動をしている3人の生徒の発言を時系列に即して相互関連を整理し、だれのどのような発言が学びを深めるきっかけになっていたのかを分析しようとするものである。2014年度までの研究では発話記録を人間の手を介して文字化するという気の遠くなる作業を要していたが、発話記録の分析から生徒一人ひとり

の学びの深まりを可視化することができるところまで来つつある。しかし、その後の成果を見ることなく氏はこの世を去ってしまった。

(2) ICT を用いた学びのプロセス解析の可能性

テクノロジーの発達は、三宅なほみの死を追い越すスピードはなかったが、着実に進化を遂げようとしている。生徒一人ひとりに割り振られた録音機によって、その発言が記録されるだけでなく、ジグソー活動をともにする3人の生徒の発話が、ほぼリアルタイムで解析される可能性が見えてきた。まだ技術的にクリアしなければならない課題はあるものの、齋藤萌木が言う「すぐ、そこにある夢」が見えてきたのである（白水・齋藤, 2015）。

教育への ICT の活用は、現在、「教育のビックデータ」の活用として喧伝されている。PC を用いた知識習得のための学習では、個々人の学習成果の記録を解析し、最適な学習をリコメンドするような方向もあるだろう。もちろん、そうした方向の有効性を否定するわけではない。しかし、個人の孤立した学習を支援

- 個人のノート、グループのノートを共有
- 参考資料を参照可能
- 関連のあるノート同士にリンクを作成して繋げる「相互リンク機能」を搭載
- 相互リンクには、双方向にコメントを記入可能
- ノートや資料だけでなく比較参照の関連付け情報全体を共有して活用できる

図 6-2　ReCoNote の特徴

MASUKAWA LABORATORY より転載

するだけのために ICT を活用するのであろうか。それでは ICT のもつ可能性を狭めてしまうのではないだろうか。

　三宅なほみは、中京大学時代に、授業と授業の間を結び、授業外でも学生同士がインタラクティブに学ぶ仕組みを構想していた。ReCoNote (Reflective Collaboration Note) と呼ばれる学習システムは、氏の愛弟子の一人である益川弘如とともに開発したものであるが、Web 上で授業の受講者全員で共有できるノートのことで、その特徴は次のようなものである（**図 6-2** を参照）。

　また、ReCoNote Viewer には知識の概念地図（コンセプトマップ）の生成過程を可視化するツールも搭載されている（**図 6-3** を参照）。

　ReCoNote は一つの例であるが、ICT の教育への可能性が、時間と空間の制約を超えたものであることを明らかにしている。前節でも触れたが、ICT はアク

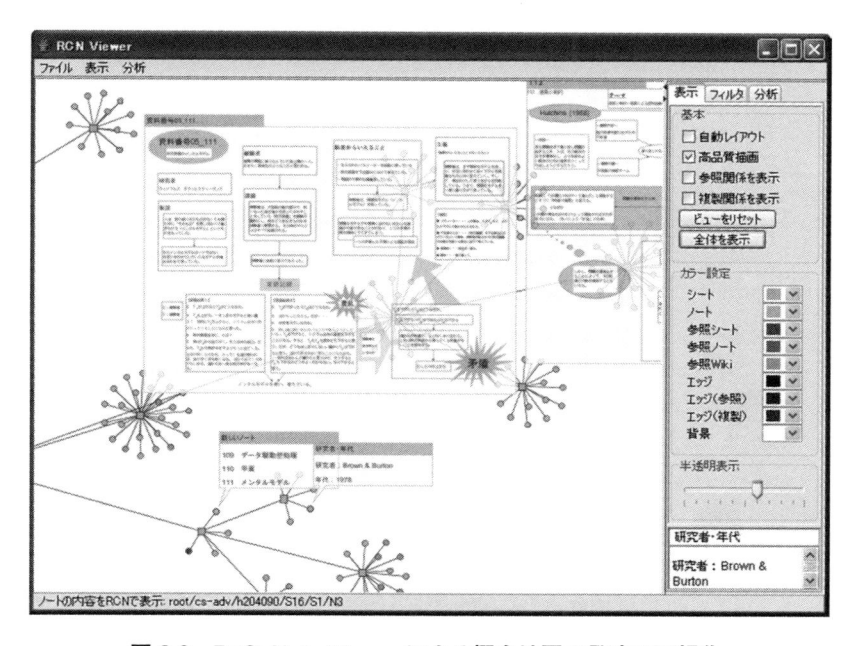

図 6-3　ReCoNote Viewer による概念地図の発達の可視化
MASUKAWA LABORATORY より転載

ティブラーニングに不可欠とは言わないまでも、可能な限り活用すべきものであることは間違いない。

ただ、ICTの活用はコストの面を含め、教育現場への導入にはハードルが高いかもしれない。ここは研究者、教育機関、行政、そして我々民間が知恵を出し合い、解決していくしかないだろう。

では、こうした教育機関にとどまらない他の組織との連携を含め、アクティブラーニングを支える運営のあり方について、次章で概観しよう。

まとめ

・評価は設計と一体のものとして捉える必要がある。とくに、評価の目的が、知識の習得なのか、知識を活用した課題解決なのか、生徒・学生の探究活動なのか、それぞれの目的に合致した評価方法を選択する。

・また、カリキュラムの設計に基づいて、何のために、何を、誰が、いつ、どのように評価するのか、評価の全体像をデザインする必要がある。

・アクティブラーニングの学びの質を評価するためには、学びのプロセスでなにが起きているかを知る必要がある。

各巻との関連づけ

第3巻『アクティブラーニングの評価』でも、「アクティブラーニングをどう評価するか」(松下佳代)、「初年次教育におけるレポート評価(小野和宏・松下佳代)、「教員養成における評価ーパフォーマンス評価とポートフォリオ評価」(石井英真)、「英語科におけるパフォーマンス評価」(田中容子)、「総合的な学習の時間での探究的な学びとその評価」(松井孝夫)、「育てたい生徒像にもとづく学校ぐるみのアクティブラーニングと評価」(下町壽男)の各章から、アクティブラーニングの評価について総合的に説明しています。

文献

日本医学教育学会(監修)・日本医学教育学会ＦＤ小委員会編（2008）．『医療プロフェッショナル　ワークショップガイド』篠原出版新社．

◉ さらに学びたい人に

◉ 西岡加名恵・石井英真・田中耕治（2015）．『新しい教育評価入門―人を育てる評価のために―』有斐閣．
　▶これからの評価のあり方をコンパクトにまとめた入門書。
◉ 松下佳代（2007）．『パフォーマンス評価―子どもの思考と表現を評価する ―（日本標準ブックレット）』日本標準．
　▶パフォーマンス評価の入門書。事例は小中学校であるが高校・大学でも役に立つ1冊。

第7章
運営：
アクティブラーニングを活性化する組織開発

第1節　教育機関における組織開発

　教育機関の運営のあり方について「組織開発」というワードを用いる意義については3章1節で説明済みであるが、ここではアクティブラーニング型授業を推進し、生徒・学生のアクティブラーニングを支える組織開発のあり方について述べたい。

　高校でも大学でも、アクティブラーニング型授業を全学的に推し進めているところにはある共通性が見て取れる。最初は数人の有志が勉強会を立ち上げ、アクティブラーニングの意義やアクティブラーニング型授業の方法について研究を重ね、その成果を学内の他の教師に広める。そうした現場の動きをトップが承認し、人的・物的・金銭的支援を送る。このように「トップ―ミドル―現場」が有機的に連関している高校・大学では改革がスムーズに進んでいる。一方、一人の教師の「善意」だけで行っているところは長続きしないし、トップの「号令」で行っていたところはトップが変わったとたんに尻すぼみになっている。

　組織も人も生きものである。人も組織も活き活きとするためにはどうしたいいのだろうか。とくに変革期にあっては過去の成功事例をモデル化して、それに従えばうまくいくというものではない。試行錯誤を経ながら進めるしかないだろう。現状を把握し、そこから課題を発見し、解決策を構想す

第7章　運営：アクティブラーニングを活性化する組織開発　127

るという問題解決のプロセスを推し進めると同時に、そうしたプロセスに一緒に働く仲間を巻き込み、理解を得るための対話や合意形成の力が求められる。つまり、我々は現代を生きる若者がジェネリックスキルを身につける重要性を指摘してきたが、われわれ自身もジェネリックスキルを発揮しなければならないのである。

　2章2節では、ジェネリックスキルには、知識を活用して問題を解決するリテラシーと、自分を取り巻く環境に実践的に対処する力としてのコンピテンシーがあるとたが、まさしくこの2つを両輪として、変革期における「組織開発」のあり方を捉えてみたい。

（1）事実（エビデンス）にもとづいて現状を把握し、問題解決の糸口をつかむ

　5章2節では、会議や研修会において教師同士が暗黙知化したビリーフスをもとにして「空中戦」を演じる様を紹介したが、漠然とした「印象」だけで組織の抱える問題を議論すると、同様の事態を招くことになる。「アクティブラーニングって、グループワークのことなの？」「知識の習得が大切なのに、授業中にお喋りさせておく時間なんてないよ！」など、アクティブラーニングの定義や目的・意義、さらに、アクティブラーニング型授業の開発の仕方について共通の理解が得られていない場合は、こうした感覚的な意見や反発が出てきても仕方がない。そうした人々を巻き込みながら、課題を解決しなければならないわけだから、まずは、そうした不安や疑念を吸い上げることから始めなければならない。組織の内部に向かってアクティブラーニングの必要性を訴えるにせよ、当の相手の意識や知識の水準を把握することは、授業を始める前に生徒・学生のレディネス（学習への準備状態）を把握するのと変わりはない。

　そのためには、関係者と課題の合意に向けて、インタビューや調査などを活用して「事実」をもとに現状を把握することが出発点となる。集めた事実や情報をもとに、それらを構造化し、課題を抽出するのは、まさにリテラシーのなせる技である。情報収集→情報分析→課題発見→解決策の構想という問

題解決のプロセスの4つめのステップまで遂行することが想定されよう。

(2) キーパーソンを巻き込み、アクティブラーニングの必要性を合意する

　組織開発の考え方では、「人」を管理するのではなく、人と人との「関係性」に焦点を当て、プロセスの変化に影響を与えて成果を生み出そうとするわけであるが、組織が大きくなればなるほど、人々は合意の形成に時間を費やし、なかなか前に進まないこともある。校長や学部長がいくら掛け声をかけても、笛吹けども踊らずで、誰も動いてくれないと嘆くのを何人も見てきた。しかし、改革をうまく進めている学校を見ていると、キーパーソンを巻き込んでアクティブラーニングの必要性について合意形成している場合が多い。キーパーソンはそれぞれの学校によって異なるが、教務主任であったり、授業力のある若手のグループであったり、教師を支える職員であったりとさまざまであるが、必ずキーパーソンが存在している。キーパーソンがアクティブラーニングについて腹落ちしていれば、学内に広めていく際に多少の混乱が起きても、大きな揺り戻しにはならないだろう。キーパーソンと一緒に現状を把握・分析して、課題を抽出できるようになれば、組織開発は一定の力を持ち始めることになる。

(3) スモールスタートで、早期に成果を可視化する

　はじめてアクティブラーニング型授業の授業を行うとき、それも組織を上げて実施しようとする場合、想定外の問題が起こることも少なくない。そのため、スタート時には特定の教科や専攻、教室に絞ってスモールスタートすることが望ましい。はじめて授業を担当する前には、アクティブラーニングについてアクティブラーニング型の研修を行い、理解の水準を高めた上で授業に臨むようにする。授業後には振り返りと課題発見・課題解決のワークショップを展開するなどして、実施上の問題点を抽出・構造化し、授業の雛形(スケルトン)を作っておく。このように、パイロットケースで成果を出した上で、学内に展開するというように、初期の段階で「小さな成果を早期に

上げる」ことに注力することが望ましい。

(4) 施策を拡大し、教師集団が「自走」するプロセスを整える

　本書で再三述べているように、生徒・学生のアクティブラーニングと教師のアクティブラーニングは両輪である。教師同士がリアルな議論の場を通して相互作用を起こしてこそ、生徒・学生のアクティブラーニングを支えることができるのである。そのためには、アクティブラーニングの教科書に書いてあることを引き写すのではなく、自分たちのリアルな教育現場に「教材」を持ち込む以外にないだろう。スモールスタートによって得られた成果と課題は、学校現場を改革する「教科書」になるはずである。

　しかし、いつまでも教師を支援しつづけるわけにはいかない。生徒・学生がアクティブラーナーとして自立することを目指すように、現場で教師が自立的な取り組みができることを目指さなければならない。しかし、生徒・学生のアクティブラーニングが孤立した営為ではないのと同じように、教師同士が連携して授業力を向上させるための支援やツールを整備したり、教師間で成果や課題をタイムリーに共有したりするための仕組みやプロセスを整える必要がある。たとえば、授業見学や建設的な授業の振り返り会がいつでもできる仕組み作りや、教師が授業の計画、実施、振り返りを継続的にできるティーチングポートフォリオを準備することなどが挙げられる。とくにティーチングポートフォリオをWebで共有化できる仕組みを作っておけば、ちょうどReCoNoteが学生の授業外学習や授業の振り返りを有機的に構成していたように、教師の授業外の振り返りや同僚との意見交換、励まし、アドバイスなどを通して、教師の教師としての学びを主体的、継続的に進めることができるようになる。

　さて、ここまで、組織開発という観点から、アクティブラーニングを学内に広めるためのマクロな施策について述べてきた。しかし、システムを整えても、そこで生きる個々人が有機的に連携しなければ、古より「仏作って魂入れず」と言われるような事態になりかねない。次節では、アクティブラー

ニングを推進する際に必要となる、教師個々のリーダーシップについて確認したい。

第2節　教育改革とリーダーシップ——権限のないリーダーシップの発揮

　日本で「リーダーシップ」というと、たとえば織田信長のようなカリスマ的なリーダーを想像しがちである。事実、リーダーシップを論じる際にはカリスマ経営者やカリスマ的指導者が念頭におかれている場合が多かった。教育の世界でも、カリスマ教師の授業実践が「〇〇実践」と個人名を冠せられて研究されている。しかし、ここで論じたいのは、カリスマのリーダーシップではなく、学校や組織の中で働く人々の「権限のないリーダーシップ」についてである。われわれはいままでに、カリスマ的なリーダーがいなくなった途端に瓦解してしまう企業や学校をいやというほど見せつけられてきた。一人の、あるいは少数のリーダーに頼る組織の危うさは、日本人が近代の歴史の中で学ぶべき大きな教訓でもあるだろう。リーダーがコケてもコケないタフな組織作りには、メンバー一人ひとりの「権限のないリーダーシップ」が必要になってくる。

　「権限のないリーダーシップ」とは何か。松下佳代編著(2015)『ディープ・アクティブラーニング』に収録されている、日向野幹也による「新しいリーダーシップ教育とディープ・アクティブラーニング」を手がかりに考えてみたい。

　日向野は「社内で地位が対等な社員同士でリーダーシップが発生するならば、それは役職とは関係のないリーダーシップであり、権限がなくても発揮できるリーダーシップ(leadership without authority)とも呼ばれる」としているとしたうえで、そうした権限のないリーダーシップを、次の3つの条件に縮約して表現している(図7-1を参照)。

第7章　運営：アクティブラーニングを活性化する組織開発　131

```
第1の条件    目標設定(set the goal)
              明確な成果目標を設定する

第2の条件    率先垂範(set the example)
              自分がその成果のためにまず行動する

第3の条件    他者支援(enable others to act)
              自分だけでなく他人にも動いてもらえるように、
              成果目標を共有し、それだけでは動きづらい
              要因があればそれを除去する支援をする
```

図7-1　権限のないリーダーシップの3つの条件

松下佳代、京都大学高等教育研究開発推進センター編著(2015)『ディープ・アクティブラーニング』(勁草書房)をもとに作成。

　日向野自身が断っているように、この3つの条件は誰もがリーダーシップを発揮できるようになるための「最小の3要素」である。リーダーシップの専門家からすれば物足りない内容かも知れないが、ミニマムかつスタンダードなリーダーシップの条件を示すことで、生徒も学生も教師も授業の中で対等

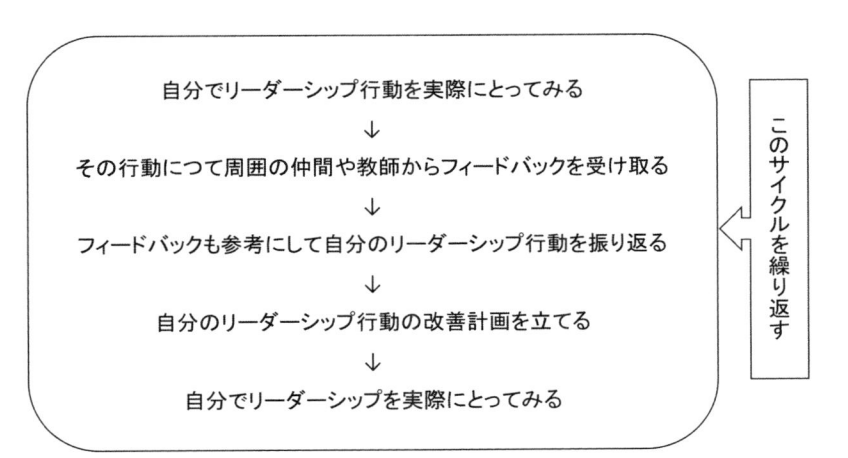

```
自分でリーダーシップ行動を実際にとってみる
              ↓
その行動について周囲の仲間や教師からフィードバックを受け取る
              ↓
フィードバックも参考にして自分のリーダーシップ行動を振り返る
              ↓
自分のリーダーシップ行動の改善計画を立てる
              ↓
自分でリーダーシップを実際にとってみる
```

← このサイクルを繰り返す

図7-2　権限のないリーダーシップの育成

松下佳代・京都大学高等教育研究開発推進センター編著(2015)『ディープ・アクティブラーニング』(勁草書房)をもとに作成。

にリーダーシップを発揮できるようになるだろう。こうした日向野の定義は、溝上慎一のアクティブラーニングの定義がその普及に寄与したように、権限のないリーダーシップの普及に寄与するだろう。

　では、こうした権限のないリーダーシップはどのようにして育成されるのか。これも日向野が簡潔に整理しているのでそれを示しておこう（**図7-2**を参照）。

　図7-2に示されている育成のサイクルは、コンピテンシー育成の典型的なサイクルでもある。先にも述べたように、コンピテンシーは一般には「行動特性」と訳されるように、ある人物が実際にどのような行動を取っているのかを言語化したものである。同様に権限のないリーダーシップも組織の中での一定の行動を問題にしているので、コンピテンシーの育成と同一視することができる。と言うより、権限のないリーダーシップの3つの条件を満しているときは、同時に、われわれが**表2-13**で示したコンピテンシーのいくつかのものが働いていると考えられる。言い換えれば、権限のないリーダーシップが実現しているときには、その下位要素としてコンピテンシーが発動されていると考えられる。

　グループワークなどを通してアクティブラーニング型授業の授業が行われる場合、具体的な場面を考えてみよう。

　たとえば、教科・科目の知識の習得を目標としたアクティブラーニング型授業の場合を考えてみよう。高校の日本史の授業で「日露戦争」について、前の時間で学習したことを復習するための「小テスト」の場面である。5分以内に、個人解答しペアで解答を確認するように教師が指示した。小テストに解答するということも立派な「活動」であるが、この場合、目標設定は教師が行い生徒が理解するということになる。しかし、5分をどのように使うかは生徒自身が考えなければならない。頃合いを見計らって解答を確認し、互いの解答を吟味する際には、自分から進んで解答を示したり、わからないことを質問したりして、積極的に活動すれば「率先垂範」していることになるし、相手が答えにくそうにしてれば、和やかな口調で話しやすい雰囲気をつくれば

「他者支援」していることになる。

ここであえてささやかな学習場面を取り上げたのは、リーダーシップというとイノベーションだとか組織改革だとか大げさなことがイメージされやすいからである。こうした日常の学びであっても、「権限のないリーダーシップ」を発揮しているという意識づけを行うことで十分育成していくことができるし、こうしたリーダーシップの発揮が自分たちの学びを深めていくという気づきも生まれてくるだろう。

これはジェネリックスキルの育成と同じであるが、知識の習得と同時に、ジェネリックスキルや権限のないリーダーシップを身につけることを「教育目標」として掲げ、振り返りを通して意識化するがポイントとなる。(**図7-3**を参照)。

```
【教育目標】
  ・教科科目の知識の習得
         ＋
  ・ジェネリックスキル、リーダーシップの育成
         ↓
【リフレクション】
  ・自己の振り返り＋他者からのフィードバック
  ・改善案を考える
```

図7-3　教育目標とジェネリックスキル、リーダーシップの育成

日向野(2015)が言うように「アクティブラーニングとは、学生のリーダーシップによる学習」であるとも言えよう。生徒・学生が意識してリーダーシップを発揮するようになれば、グループワークも円滑に進むだろうし、学びも深まるだろう。アクティブラーニングと権限のないリーダーシップは切っても切れない関係である。

> **まとめ**
> - アクティブラーニング型授業を教育機関で推し進めるためには、トップ―ミドル―現場の連携が不可欠である。
> - 導入期にあっては、現場の不安や疑問を吸い上げてエビデンスに基づきながら、キーパーソンを中心にしてスモールスタートさせ、教師集団が「自走」できるように教育プロセスを支える施策を整備する。
> - 個々の教師は「権限のないリーダーシップ」を発揮し、生徒・学生が活き活きとしたアクティブラーナーに成長することを目指して、運営に努める。

文献

白水始・齊藤萌木(2015).「三宅なほみ研究史」日本認知科学学会『認知科学』22(4), 492- 503頁.

日向野幹也(2013).『大学教育アントレプレナーシップ―新時代のリーダーシップの涵養―』ナカニシヤ出版.

さらに学びたい人に

- 中村和彦（2015）.『入門　組織開発―活き活きと働ける職場をつくる―』光文社新書.
  ▶組織開発の入門書。企業向けだが教育機関でも十分役に立つ。
- 日向野幹也（2013）.『大学教育アントレプレナーシップ―新時代のリーダーシップの涵養―』ナカニシヤ出版.
  ▶立教大学経営学部での実践を基に、権限のないリーダーシップの育成を解説。

第8章

環境：
アクティブラーニングを拡げる環境整備

第1節　授業を活性化させる環境整備

(1) 環境整備の目的と手段

　生徒・学生のアクティブラーニングを促進する「環境」とはどのようなものであろうか。環境整備の議論となると、すぐに可動式の机と椅子を入れようとか、タブレットを導入しようとか、Wi-Fi環境を整えようという話になりかねないが、そもそも何のために環境を整えるのかという本質的な議論が抜け落ちているように思われる。そこで、溝上のアクティブラーニングの定義をもとに、教室環境を整備する「目的」を整理してみた（図8-1を参照）。

【アクティブラーニングの定義】
　一方的な知識伝達型の講義を聴くという（受動的）学習を乗り越える意味での、あらゆる能動的な学習のこと。能動的な学習には、書く・話す・発表する等の活動への関与と、そこで生じる認知プロセスの外化を伴う。

⬇

【環境整備の目的】
　①生徒・学生の能動性と相互活動を促進させる
　②生徒・学生の認知プロセスの外化を支援する
　③教授プロセスを効率化する

図8-1　アクティブラーニングを促進させる環境整備の目的

溝上によれば、アクティブラーニングの定義とは「一方的な知識伝達型の<u>講義を聴く</u>という(受動的)学習を乗り越える意味での、あらゆる<u>能動的な学習</u>のこと。能動的な学習には、<u>書く・話す・発表する</u>等の活動への関与と、そこで生じる<u>認知プロセスの外化</u>を伴う。」ということであった。

　目的「①生徒・学生の能動性と相互活動を促進させる」は説明する必要がないだろうが、授業を聴いているだけでなく、進んで書いたり、話したり(話し合ったり)、発表したり(プレゼンテーションしたり)しやすい環境を整えることである(能動性の促進)。ただ、同時に、そうした活動には互いの考えを共有したり、ディスカッションしたりする活動も伴っており、三宅なほみの言葉を借りれば「建設的相互作用」を促進させることも必要である(相互活動の促進)。

　これらを実現するためには(予算の許す範囲で!)、次のような方策が考えられる。ただし、高校や大学ですでに一般化している設備については省略する。

- 可動式の机や椅子：講義とインタラクションでフォーメイションを変えられる。
- ハークネステーブル：少人数で密度の濃い学びを求めるときには有効である。
- プレゼンテーション機材：大学ではプロジェクターとスクリーンが備え付けられている教室が増えてきたが、高校ではそれほど多くない。ただし、据え付け型にすると黒板やホワイトボードが同時に利用できなくなる欠点がある。天上のレールに沿ってプロジェクターとスクリーンが一緒に動くタイプなら、黒板やホワイトボードも同時に使える。
- レスポンスアナライザー：クリッカーが代表的なものであるが、教師の問いかけに対する解答を集約し、その結果を表示・分析するツールである。大教室で多人数の生徒・学生を対象に「双方向性」を高める場合は有効である。マズール氏が提唱する「ピア・ラーニング」などでは必須のアイテムとなる。

・電子黒板：目的②及び③の目的としての利用はもちろんのこと、生徒・学生の考え方を共有化したり、相互的な討論をしたりする際にも有効である。

　目的「②生徒・学生の認知プロセスの外化を支援する」は、①の目的と重なるところもあるが、学びを深めるという点で重要である。まずは生徒・学生が自分の考えを書いて他者に示すためのツールが必要である。すべてICTに頼ることもないし、アナログな手触りも大切にしたい。そして、相互に考えたことをシェアし、ディスカッションしながらそのプロセスを構造化するツールも必要である。さらに、生徒・学生が学んだ結果を保存して、振り返りや学びの改善に資するツールも求められよう。

・模造紙／ホワイトボード／ホワイトボードシート／付箋紙・カード等（筆記具を含む）：アナログなローテク（？）ではあるが、必要不可欠なものである。机上に拡げて使うタイプ、壁に貼るタイプ、立てかけるタイプ、可動式タイプなどさまざまなものがあるので、それぞれの事情に合わせて選択できる。
・タブレットPCとWi-Fi：インターネットに接続して情報収集するだけでなはない。資料を共有化する、考えたことを文字にしたり図化したりして可視化する、テストを受ける、学びの履歴を残すなど、個人の学びを深め、相互作用を促し、学習履歴を残すためには大いに役立つ。
・電子ポートフォリオ：学んだ成果や振り返った内容を記録し、自ら学びを深めるサイクルを回すときに大いに役立つ。

　目的「③教授プロセスを効率化する」は、通常の講義型の授業でも当てはまりそうなことであるが、生徒・学生の活動を授業時間内で確保しようとすると、知識の伝達の時間をできるだけ効果的に節約する必要がある。そのためには何より教師が喋りすぎないことが肝心である。筆者も同じであるが、教師は黙って自分の話を聞いてもらえる快感に酔いやすい。教室という非対称

的な制度化された権力空間があってはじめて可能になるのに、教師は自分の力だけで話しを聞いてもらえると勘違いしやすい。「教えるという病」は根深い。そこから脱却して生徒・学生が学びの主人公であることを理解しなければならないだろう。教師は「ミニマムかつスタンダードな知識」を精選して伝える「技」を磨く必要がある。教師の役割が変化している中で、知識の伝達者としての役割がどんどん低下していることを肝に銘じなければならない。

- 教授／プレゼンテーション・ツール：PCを用いたものが主流になるだろうが、教授ツールの選択は教師の個性を反映することでもある。PCを用いないKP法を含め、様々な工夫が必要となるだろう。
- メディア・コンテンツ：知識の説明を補完するための、映像、画像、音声、テキストなどのコンテンツをストックし共有化することは、教授の効率化に不可欠である。

(2) アクティブラーニング教室

最近、高校でも大学でもアクティブラーニング教室を設けるところが多くなってきたが、ここでは上記の目的①〜③のすべてを常設した教室を「アクティブラーニング教室」と呼ぶことにしたい。現在の教室環境の水準からすると、かなりハイレベルなものになると思うが、今後はこうした教室がスタンダードなものになっていくだろう。

現在のアクティブラーニング教室は、単に可動式の机と椅子、ホワイトボードが並んでいる場合が多い。それでも活用されているのならいいが、ほこりが被っている場合も見受けられる。設備を入れるだけではなく、それを活用するための施策が必要であろう。ちなみに、国立大学や大規模私立大学では、ボルトで机と椅子を固定したものが主流である。ある地方の国立大学で理由を尋ねると、「学生がバリケードを作るから」という笑えない答えが返ってきた。時代錯誤がここまで来ると、ほんとうに笑えない話になる。学生を信頼することからはじめなければ何も変わらない。「事なかれ主義」が学びに蓋をしているのだ。

第2節　授業外学習を活性化させる環境整備

(1) 授業外学習を促すアクティブラーニング

さて、本書では何度も繰り返しているが、生徒・学生の学びは、教室空間にとどまるものではなく、授業外で、あるいは学校外でも深められる。とくに、反転授業やPBLなど、授業時間中での活動を活性化させるためには、授業外の活動を支える工夫が必要になる。

授業外でのアクティブラーニングを促す際に必要となる環境整備について、私見をまとめてみたい（図8-2を参照）。

---

①授業の予習・復習を促す
・知識の習得を支えるコンテンツとツール
・授業や発表の準備ができる時間と場所の確保
・学びの振り返りと改善を促す仕組み

②生徒・学生の相互活動を支える
・自発的にディスカッションできる「場」の確保（対面／オンライン）
・プレゼンテーションのリハーサルや相互評価がし易い環境

③地域や社会とつながる
・地域や社会とつながり社会的な意識を育てる仕組み

④キャリア意識を高める
・将来について考えキャリア意識を高める仕組み

図8-2　授業外でアクティブラーニングを促進させる環境整備

「①授業の予習・復習を促す」環境整備は、生徒・学生のアクティブラーニングを促進させるために必須と言えるだろう。

授業で学んだことを深めたり、授業では学びきれなかったことを学んだりするために、「知識の習得を支えるコンテンツとツール」が必要である。知識の習得を目的としたアクティブラーニング型授業であっても、すべての内容を説明しきれない場合が生じる。学んだことに対するリファレンス機能を

もった仕組みがあるといいだろう。あるいは、反転授業タイプのアクティブラーニング型授業を行う場合、Web上で基本事項を学び、理解を確かめる小テストを受けてから授業に臨む。教師は小テストの結果を受けて躓きのポイントだけ解説し、後はたっぷりワークの時間が確保できるようになるだろう。

　また、アクティブラーニング型授業では、「授業と発表の準備ができる時間と場所の確保」も不可欠であろう。個人でじっくり予習や復習ができるスペースが必要で、個人用のブースがあると利用される場合が多くなるだろう。そうしたスペースがあれば、学校の中で授業外学習を行う機会も増えるだろう。

　さらに、「学びの振り返りと改善を促す仕組み」も必要だろう。前項の「目的②」でも書いたが、生徒・学生が自らの学びを振り返り、改善する仕組みを持たせた「電子ポートフォリオ」はアクティブラーニングを進める上で自己学習力を鍛えるツールになるだろう。金沢工業大学のポートフォリオはその好例である。

　次に「②生徒・学生の相互活動を支える」というものであるが、生徒・学生のインタラクションは授業外でも必要となってくる。授業では収まりきれなかった内容や授業で生まれてきた疑問や発展的内容、さらには授業の発表の準備、課題解決に向けて、自発的にディスカッションできる「場」があるとよい。みなが顔を合わせて「対面」でディスカッションすることもいいが、Skypeなどを利用して「オンライン」で意見交換することもいいだろう。

　さらに、授業準備にも関わるが、「プレゼンテーションのリハーサルや相互評価がし易い環境」も大切である。練習したくてもリハーサルするための機材も教室もなければなかなか難しい。自宅でできないわけではないが、仲間と一緒にリハーサルし、お互いにフィードバックし合う方がより効果的である。

　残る二つの「③地域や社会とつながる」「④キャリア意識を高める」はあったらなおさらいいというものであるが、地域や社会とつながる環境があれば、生徒・学生の社会的な意識を育てることにつながるだろうし、そうした学外

の人々と交流することができれば、自分の将来について考えるきっかけにもなるだろう。また、学業だけでなく、キャリア意識を高めるための資料や、その他のリソースが揃っていれば、将来を見すえ、学ぶ意欲を高めることも期待できる。

(2) ラーニングコモンズ

さて、上記の「①授業の予習・復習を促す」と「②生徒・学生の相互活動を支える」を主な目的とした環境を備えたものとして「ラーニングコモンズ」を挙げることができよう。ラーニングコモンズの捉え方はそれぞれの教育機関で違いが見られるが、上記の2点は共通しているようである。大学では、図書館機能と連動させたラーニングコモンズを設置するところが多いが、ここでは玉川大学のラーニングコモンズを紹介したい（図8-3、4を参照）。

図8-3　玉川大学ラーニングコモンズでの学習風景

提供：玉川大学

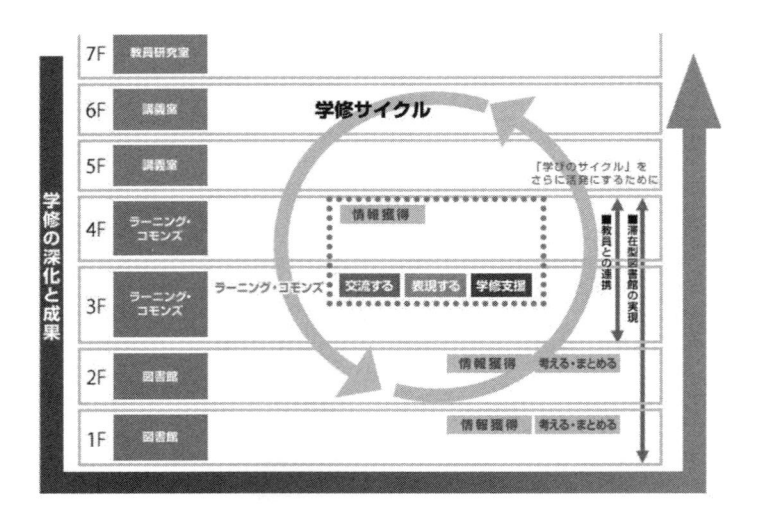

図8-4　玉川大学ラーニングコモンズ

提供：玉川大学

図8-4は、玉川大学のラーニングコモンズの概念を示したものであるが、5〜7階の講義室・研究室と1〜2階の図書館とに挟まれてラーニングコモンズが設けられている。「学修サイクル」と施設の構造がリンクされている設計は、他の大学あるいは高校でも、これからの施設のあり方を検討するときに参考になるだろう。

> **まとめ**
> - 生徒・学生の能動性と相互活動を促進させる、生徒・学生の認知プロセスの外化を支援する、教授プロセスを効率化するという目的に即して教育・学習環境を整備する。
> - アクティブラーニングでは授業外学習が重要になるので、教室のみならず授業外学習を支える環境整備の整備は不可欠である。
> - ICTありきではなく、生徒・学生のアクティブラーニングを支え、学びを深めるためにICTを有効活用する。

文献

稲垣忠・鈴木克明(2011).『授業設計マニュアル―教師のためのインストラクショナルデザイン―』北大路書房.

ウィギンズ、マクタイ著・西岡加名恵訳 (2012).『理解をもたらすカリキュラム設計「逆向き設計」の理論と方法』日本標準.

河合塾(2011).『アクティブラーニングでなぜ学生が成長するのか―経済系・工学系の全国大学調査からみえてきたこと―』東信堂.

河合塾 (2014).『「学び」の質を保証するアクティブラーニング―3年間の全国大学調査から―』東信堂.

川嶋直(2013).『KP法 シンプルに伝える紙芝居プレゼンテーション』みくに出版.

中原淳・溝上慎一(編)(2014).『活躍する組織人の探究―変容する能力・アイデンティティの教育―』ナカニシヤ出版.

成田秀夫・大島弥生・中村博幸編著 (2014).『21世紀を生きる大学生の日本語リテ

ラシーを育む』ひつじ書房.
西岡加名恵(編)(2008)『.「逆向き設計」で確かな学力を保障する』明治図書.
ノエル・エントウィルス著、山口栄一翻訳(2010).『学生の理解を重視する大学授業』玉川大学出版部.
堀裕嗣(2013).『教師力ピラミッド―毎日の仕事を劇的に変える40の鉄則―』明治図書出版.
本田由紀(2005).『多元化する「能力」と日本社会』NTT出版.
松下佳代(編集代表)・京都大学高等教育研究開発推進センター編集(2011).『大学教育のネットワークを創る―FDの明日へ』東信堂.
文部科学省(2011).『高等学校キャリア教育の手引き』文部科学省初等中等教育局.
Ronald Barnett (1994). The Limit of Competency , Knowledge, Higher Education andSociety, The Society for Research into Higher Education & Open University Press.
日本医学教育学会(監修)・日本医学教育学会FD小委員会編(2008).『医療プロフェッショナル ワークショップガイド』篠原出版新社.

◉さらに学びたい人に

- 山内祐平・林一雅・西森年寿・椿本弥生・望月俊男・河西由美子・柳澤要(2010).『学びの空間が大学を変える』ボイックス株式会社.
  ▶海外の事例を交え、大学教育と環境のあり方を示している。
- 美馬のゆり・山内祐平(2005).『「未来の学び」をデザインする―空間・活動・共同体―』東京大学出版会.
  ▶少々値がはるが、学びを支える空間と共同体について論じた一冊。

おわりに

　「アクティブラーニング」はマジック・ワードです。いままで類する呼び方はさまざまにありましたが、ここまで人々の心をつかんだ言葉はないでしょう。「今まで言語活動の充実と言ってなかなか進まなかったのに、アクティブラーニングと言った瞬間に動き始めた」と、さる教育委員会の主事の方がおっしゃっていました。言霊ではありませんが、言葉の力を感じます。

　と同時に、ここまで流行することに恐れを感じています。ソシュールではありませんが、言葉はラングとパロールの弁証法です。人々が使っているうちに意味は外れ、多様化していきます。言葉が生きている以上、コントロールすることはできません。言葉の意味をコントロールしようとする意志は制度の側にあるでしょう。しかし、われわれは意味のズレを孕みながら進んでいく「アクティブラーニングという現象」の中で、目の前にいる生徒・学生と向き合っていくしか方途はありません。

　本書を書いているすぐ脇を「アクティブラーニングという現象」が駆け抜けていくという感覚を抱きながら筆を進めてきました。本書は、我々の15年のまとめであると同時に、今との対話です。書いている側から洩れていく出来事を見やりながらここまで書き進めてきました。

　アクティブラーニングを推し進めるための5つの課題については、課題を提起しただけのものもあれば、一定の解決策を示したものもあります。また、簡潔に記した節もあれば詳しく論じた節もあります。これらはアクティブラーニングの現状を反映していると理解しています。「設計」のパートが長くなっているのは、今まさに解決が求められている喫緊の課題だからです。高校でも大学でも「設計」を実質化するためのカリキュラムマネジメントが次の

大きな課題です。「評価」「運営」「環境」に関する課題は、今後本格化する課題であると理解しています。

　本書は、アクティブラーニングをめぐる状況を現在進行形で伝えており、そうした制約から不十分な記述があることはお許しください。本書が少しでも読者の役に立ち、有益な議論のもとになることを願っております。

　本書を書く機会を与えてくださった監修者の溝上慎一先生には厚く御礼申し上げます。また、辛抱強く執筆を支えていただいた下田勝司代表をはじめとする東信堂の皆様にはいくら御礼しても足りません。そして、有意義なアドバイスをいただいた高校や大学の先生方にはこの場を借りて感謝する次第です。最後に、一緒に歩んできた河合塾の皆様には厚く御礼申し上げます。皆様のお力添えがなければ本書は成り立ちませんでした。

　微力ですが今後とも邁進することを誓って、本書を閉じたいと思います。

著　者

【参考文献】

※章末の「さらに学びたい人に」に掲載したものは除く。

稲垣忠・鈴木克明(2011).『授業設計マニュアル―教師のためのインストラクショナルデザイン―』北大路書房.
ウィギンズ、マクタイ著・西岡加名恵訳(2012).『理解をもたらすカリキュラム設計「逆向き設計」の理論と方法』日本標準.
河合塾(2011).『アクティブラーニングでなぜ学生が成長するのか―経済系・工学系の全国大学調査からみえてきたこと』―東信堂.
河合塾(2014).『「学び」の質を保証するアクティブラーニング―3年間の全国大学調査から―』東信堂.
川嶋直(2013).『KP法 シンプルに伝える紙芝居プレゼンテーション』みくに出版.
中原淳・溝上慎一(編)(2014).『活躍する組織人の探究―変容する能力・アイデンティティの教育―』ナカニシヤ出版.
西岡加名恵(編)(2008).『「逆向き設計」で確かな学力を保障する』明治図書.
ノエル・エントウィルス著、山口栄一訳(2010).『学生の理解を重視する大学授業』玉川大学出版部.
堀裕嗣(2013).『教師力ピラミッド 毎日の仕事を劇的に変える40の鉄則』明治図書出版.
本田由紀(2005).『多元化する「能力」と日本社会』NTT出版.
松下佳代(編集代表)・京都大学高等教育研究開発推進センター(編)(2011).『大学教育のネットワークを創る―FDの明日へ―』東信堂.
文部科学省(2011).『高等学校キャリア教育の手引き』文部科学省初等中等教育局.
Ronald Barnett (1994). The Limit of Competency, Knowledge, Higher Education and Society, The Society for Research into Higher Education & Open University Press.
日本医学教育学会(監修)・日本医学教育学会FD小委員会編(2008).『医療プロフェッショナル ワークショップガイド』篠原出版新社.

索　引

事項索引

【アルファベット・数字】

ADDIEモデル	82
FD（faculty development）研修	110
21世紀型スキル	27
21世紀型能力	28
3つのポリシー	83
3つの指導観	113

【あ行】

アクティブラーナー	20
アクティブラーニング型授業	9
アクティブラーニング教室	138
アドミッションポリシー	84
インストラクショナルデザイン	82
エージェンシー（agency）	18

【か行】

学士力	30
学習パラダイム	6
学力の3要素	44
カリキュラムチェックシート	93
カリキュラムポリシー	84
カリキュラムマップ	92
カリキュラムマネジメント	145
キー・コンピテンシー	19, 27
教授パラダイム	6
形成的評価	117
権限のないリーダーシップ	130
建設的相互作用	63
雇用可能性	36
コンピテンシー	37

【さ行】

ジェネリックスキル	32, 33
持続的就業力	36
社会人基礎力	30
就職力	36
職業適合性	26
シラバス	95
総括的評価	117
相互研修型FD	111

【た行】

対課題基礎力	41
大学のアクティブラーニング調査	58
大学発教育コンソーシアム推進機構（CoREF）	63
対自己基礎力	41
対人基礎力	41
チェック＆シェア	112
知識基盤社会	24
知識構成型ジグソー法	63
ティーチングポートフォリオ	129
ディープ・アクティブラーニング	8
ディプロマポリシー	83

【ま行】

学びの社会性	15	バーネット, R.	31
		日向野幹也	130
【ら行】		本田由紀	16
リーダーシップ	130	三宅なほみ	62
リテラシー	37		

人名索引

安彦忠彦	61
スーパー, D. E.	26
パース, C. S.	37

【著者紹介】

成田　秀夫（なりた　ひでお）

河合塾教育研究開発本部・開発研究職、現代文講師。2000 年より大学の初年次教育の授業開発に携わり、現在、初年次教育学会の理事を務める。経産省での「社会人基礎力」の立ち上げ、大学生のジェネリックスキルを育成・評価する PROG の開発に携わるなど、高校・大学・社会をつなぐ教育の研究開発に尽力。2015 年度より東京大学・大学総合教育研究センター共同研究員に就任。

シリーズ　第 6 巻

アクティブラーニングをどう始めるか

| 2016年3月20日 | 初　版第1刷発行 | 〔検印省略〕 |
| 2018年1月20日 | 初　版第2刷発行 | 定価はカバーに表示してあります。 |

著者Ⓒ成田秀夫／発行者　下田勝司　　　　　　　　　印刷・製本／中央精版印刷

東京都文京区向丘 1-20-6　　郵便振替 00110-6-37828　　　　　　発行所
〒113-0023　TEL(03)3818-5521　FAX(03)3818-5514　　株式会社 東信堂
Published by TOSHINDO PUBLISHING CO., LTD.
1-20-6, Mukougaoka, Bunkyo-ku, Tokyo, 113-0023, Japan
E-mail : tk203444@fsinet.or.jp　http://www.toshindo-pub.com

ISBN978-4-7989-1350-6 C3337　　Ⓒ H. Narita

溝上慎一監修 アクティブラーニング・シリーズ 全7巻
2016年3月全巻刊行　　各A5判・横組・並製

① **アクティブラーニングの技法・授業デザイン**
安永悟・関田一彦・水野正朗編
152頁・本体1600円・ISBN978-4-7989-1345-2 C3337

② **アクティブラーニングとしてのPBLと探究的な学習**
溝上慎一・成田秀夫編
176頁・本体1800円・ISBN978-4-7989-1346-9 C3337

③ **アクティブラーニングの評価**
松下佳代・石井英真編
160頁・本体1600円・ISBN978-4-7989-1347-6 C3337

④ **高等学校におけるアクティブラーニング：理論編(改訂版)**
溝上慎一編
144頁・本体1600円・ISBN978-4-7989-1348-3 C3337

⑤ **高等学校におけるアクティブラーニング：事例編**
溝上慎一編
192頁・本体2000円・ISBN978-4-7989-1349-0 C3337

⑥ **アクティブラーニングをどう始めるか**
成田秀夫著
168頁・本体1600円・ISBN978-4-7989-1350-6 C3337

⑦ **失敗事例から学ぶ大学でのアクティブラーニング**
亀倉正彦著
160頁・本体1600円・ISBN978-4-7989-1351-3 C3337

東信堂

東信堂

アクティブラーニングと教授学習パラダイムの転換	溝上慎一	二四〇〇円
大学のアクティブラーニング——「学び」の質を保証するアクティブラーニング——3年間の全国大学調査から	河合塾編著	三三〇〇円
「深い学び」につながるアクティブラーニング——全国大学の学科調査報告とカリキュラム設計の課題	河合塾編著	二〇〇〇円
アクティブラーニングでなぜ学生が成長するのか——経済系・工学系の全国大学調査からみえてきたこと	河合塾編著	二八〇〇円
附属新潟中式「3つの重点」を生かした確かな学びを促す授業——教科独自の眼鏡を育むことが「主体的・対話的で深い学び」の鍵となる！	新潟大学教育学部附属新潟中学校 編著	二〇〇〇円
ICEモデルで拓く主体的な学び——成長を促すフレームワークの実践	柞磨昭孝	二〇〇〇円
社会に通用する持続可能なアクティブラーニング——ICEモデルが大学と社会をつなぐ	土持ゲーリー法一	二五〇〇円
ポートフォリオが日本の大学を変える——ティーチング／ラーニング／アカデミック・ポートフォリオの活用	土持ゲーリー法一	二五〇〇円
ティーチング・ポートフォリオ——授業改善の秘訣	土持ゲーリー法一	二〇〇〇円
ラーニング・ポートフォリオ——学習改善の秘訣	土持ゲーリー法一	二五〇〇円
「主体的学び」につなげる評価と学習方法——カナダで実践されるICEモデル	S・ヤング&R・ウィルソン著 土持ゲーリー法一 監訳	一〇〇〇円
主体的学び 創刊号	主体的学び研究所編	一八〇〇円
主体的学び 2号	主体的学び研究所編	一六〇〇円
主体的学び 3号	主体的学び研究所編	一六〇〇円
主体的学び 4号	主体的学び研究所編	二〇〇〇円
主体的学び 5号	主体的学び研究所編	一八〇〇円
主体的学び 別冊 高大接続改革	主体的学び研究所編	一八〇〇円
大学自らの総合力——理念とFDそしてSD	寺﨑昌男	二〇〇〇円
大学自らの総合力Ⅱ——大学再生への構想力	寺﨑昌男	二四〇〇円
21世紀の大学：職員の希望とリテラシー	寺﨑昌男 立教学院職員研究会 編著	二五〇〇円

〒113-0023 東京都文京区向丘1-20-6
TEL 03-3818-5521　FAX03-3818-5514　振替 00110-6-37828
Email tk203444@fsinet.or.jp　URL:http://www.toshindo-pub.com/

※定価：表示価格（本体）＋税

東信堂

転換期を読み解く——潮木守一時評・書評集	潮木守一	二六〇〇円
大学再生への具体像——大学とは何か【第二版】	潮木守一	二四〇〇円
フンボルト理念の終焉?——現代大学の新次元	潮木守一	二五〇〇円
「大学の死」、そして復活	潮木守一	二八〇〇円
大学教育の思想——学士課程教育のデザイン	絹川正吉	二八〇〇円
大学教育の在り方を問う	絹川正吉	二三〇〇円
大学改革の系譜——近代大学から現代大学へ	山田宣夫	三八〇〇円
大学理念と大学改革——ドイツと日本	別府昭郎	四二〇〇円
北大 教養教育のすべて	金子勉	二四〇〇円
——エクセレンスの共有を目指して		
国立大学法人の形成	小笠原正明 安藤厚 細川敏幸 編著	二六〇〇円
国立大学・法人化の行方——自立と格差のはざまで	大崎仁	二六〇〇円
大学は社会の希望か——大学改革の実態からその先を読む	天野郁夫	三六〇〇円
転換期日本の大学改革——アメリカと日本	江原武一	三六〇〇円
大学の管理運営改革——日本の行方と諸外国の動向	江原武一 編著 杉本均	三六〇〇円
大学経営とマネジメント	新藤豊久	二五〇〇円
大学戦略経営論	篠田道夫	三四〇〇円
——中長期計画の実質化によるマネジメント改革		
私立大学マネジメント	(社)私立大学連盟編	四二〇〇円
私立大学の経営と拡大・再編	両角亜希子	四七〇〇円
——一九八〇年代半ば以降の動態		
大学の発想転換——体験的イノベーション論二五年	坂本和一	二〇〇〇円
30年後を展望する中規模大学	市川太一	二五〇〇円
——マネジメント・学習支援・連携		
大学のカリキュラムマネジメント	中留武昭	三二〇〇円
戦後日本産業界の大学教育要求	飯吉弘子	五四〇〇円
——経済団体の教育言説と現代の教養論		
アメリカ連邦政府による大学生経済支援政策	犬塚典子	三八〇〇円
カナダの女性政策と大学	犬塚典子	三九〇〇円
大学教育とジェンダー	ホーン川嶋瑤子	三六〇〇円
——ジェンダーはアメリカの大学をどう変革したか		
スタンフォード 21世紀を創る大学	ホーン川嶋瑤子	二五〇〇円

〒113-0023 東京都文京区向丘1-20-6
TEL 03-3818-5521 FAX 03-3818-5514 振替 00110-6-37828
Email tk203444@fsinet.or.jp URL:http://www.toshindo-pub.com/

※定価：表示価格（本体）＋税